KB274120

친절한 철학

친절한 철학

강나래 지음

역사 속에서 만나는 문턱의 철학

책과나무

추천사

조창오, 경희대 겸임교수·작가·유튜버 고해남

돈 버는 기술에 관한 책이 넘쳐 나는 시대에, 오랜만에 사람에 대한 본질적 질문을 던지는 책이 나왔다. 교사와 기업, 두 세계를 모두 경험한 저자는 철학을 현실의 언어로 번역해 낸다. 이 책을 덮고 나면, 우리는 '잘 산다는 것'의 의미를 이전과는 다른 눈으로 보게 될 것이다.

류지원, GAMER REPUBLIC 대표

사회는 규칙을 만들고 철학은 그 논리를 만든다. 이 책은 인류의 세계관이 어떤 '균열'을 겪으며 재편되어 왔는지, 오늘의 언어로 엮어 낸다. 부동산, 데이터 소유권, 플랫폼노동 같은 논쟁을 철학의 연장선에서 또렷이 보게 한다.

민상기, 인디펍 공동 대표·전 초등교사

'철학은 어렵다'는 편견을 깨는 책. 권력, 부, 종교, 과학, 전쟁이라는 현실 속에서 사유가 어떻게 태어나고 세상을 바꿔 왔는지를 생생하게 보여 준다. 지금 우리가 마주한 질문들의 뿌리를 찾고 싶은 모든 이에게 권한다.

강호영, 서울 성남고등학교 교장·『한국의 교양을 읽는다 4』 저자

철학이 추상이 아니라 '사건'이었음을 증명하는 책. 인류 지성사의 균열을 따라가다 보면, 오늘 우리가 서 있는 자리가 새롭게 보인다.

곽혜란, 시인·월간《문학바탕》대표

이 책은 현실을 뒤흔든 결정적 순간들을 기록한다. 권력, 부, 과학 등 우리가 당연하게 여겨 온 세계가 어떻게 만들어졌는지, 우리가 믿어 온 질서는 얼마나 취약한지를 드러낸다. 철학이 삶과 얼마나 가까운지 느끼고 싶은 독자에게 꼭 권하고 싶은 책.

최락인, 성결대학교 교수·행정학 박사

인류 지성사가 균열과 갈등 속에서 봉합되고 회복되어 온 과정을 선명하게 드러내는 책. 철학적 사유가 현실을 변화시키는 지속 가능한 힘임을 생각하게 한다.

프롤로그

인류 지성사의 거대한 균열들

철학은 흔히 현실과 동떨어진 말장난으로 여겨집니다. 하지만 시대의 흐름 속에서 인류의 역사를 조금만 깊이 들여다보면, 철학은 언제나 '더 잘 살고 싶다'는 인간의 절박한 현실 속에서 태어났음을 알 수 있습니다. 더 나은 삶을 찾는 갈망이 사유를 불러냈고, 그 사유가 다시 현실을 흔들고 재편했습니다. 인류의 지성사는 바로 이 충돌과 진동의 기록입니다.

권력의 장에서 철학은 불편한 질문을 던졌습니다. 루소는 불평등한 사회에 맞서 주권은 국민에게 있다는 사상을 제시하며 혁명의 불씨를 지폈고, 마르크스는 산업혁명 속에서 노동자들의 고통을 보며 경제 구조가 사회를 결정한다는 급진적인 통찰을 남겼습니다. 철학은 단순한 체제 해석을 넘어, 현실을 뒤흔드는 사유의 힘이었습니다.

종교의 질서 안에서도 거대한 균열이 일어났습니다. 아퀴나스는 신학과 이성을 조화시키려 했지만, 이후 데카르트와 계몽주의자들은 확실성을 신이 아닌 인간의 사고에서 찾기 시작했습니다. 신을 통해 세계를 설명하던 질서가, 인간의 사고와 경험으로 다시 쓰이는 순간이었습니다. '근대적 개인'은 그렇게 탄생했습니다.

과학의 혁명은 철학을 시험대에 올렸습니다. 코페르니쿠스의 지동설은 인간이 우주의 중심이라는 믿음을 무너뜨렸고, 뉴턴은 세계를 기계처럼 설명했습니다. 다윈은 인간의 기원을 다시 썼고, 아인슈타인의 상대성이론과 양자역학은 시간과 공간의 확실성을 송두리째 흔들었습니다. 철학은 이 과학적 충격을 받아들이며 세계관을 재구성해야 했습니다.

인간에 대한 질문도 그 위에서 다시 쌓였습니다. 데카르트는 "나는 생각한다"라는 자아를 세웠지만, 프로이트는 인간의 깊은 곳에는 나도 모르는 나가 존재한다고 말했습니다. 비트겐슈타인은 인간이 세계를 이해한다는 것 자체가 언어의 구조 속에서 이루어진다는 사실을 보여 주었습니다. 인간은 더 이상 스스로에게조차 투명한 존재가 아니었습니다.

이렇듯 철학은 권력, 종교, 과학, 인간, 모든 축에서 균열을 일으키며 새로운 길을 제시해 왔습니다. 그 균열은 사회를 바꾸고 인간의 삶을 다시 쓰게 만든 사건이었습니다. 철학은 결코 현실과 분리된 추상적인 공상이 아닙니다. 오히려 삶의 한가운데서 터져 나온 질문이고 대답입니다.

이 책은 그 질문들을 따라 인류 지성사의 흐름을 더듬어 갑니다. 철학은 어떻게 현실 속에서 태어났고, 그 사유는 어떻게 다시 현실을 바꾸었을까요? 그 과정에서 인류는 어떤 균열을 겪었고, 오늘날의 우리는 그 유산 위에서 무엇을 배울 수 있을까요?

철학을 먼 책장 속 개념이 아니라, 지금 우리의 삶 한가운데에 놓인 문제로 다시 읽으며 이 여정을 시작해 보려 합니다.

2026년 새해

강나래

목차

추천사 ｜ 4

프롤로그: 인류 지성사의 거대한 균열들 ｜ 7

Part 1　권력과 철학
정치적 현실이 사유를 불러내다

1. 르네상스와 마키아벨리

: 불안정한 권력이 낳은 냉정한 정치학　18

2. 혁명의 시대와 루소

: 불평등이 인민주권을 탄생시키다　28

3. 산업혁명과 마르크스

: 자본의 모순이 계급투쟁을 부르다　38

4. 20세기 미국과 롤스

: 자유와 평등 사이에 공정을 놓다　49

Part 2   부와 철학
경제적 변화가 새로운 사유를 만들다

1. 상업혁명과 로크
   : 사유재산권과 자유주의의 탄생   64

2. 자유무역과 애덤 스미스
   : 도덕감정과 보이지 않는 손   74

3. 소비사회와 보드리야르
   : 욕망과 기호의 경제학   83

Part 3   신과 철학
종교 질서와 철학이 충돌하다

1. 종교개혁과 데카르트
   : 신 아닌 인간에서 확실성을 찾다   97

2. 계몽주의와 스피노자 : 신을 자연으로 바꾸다   107

3. 세속화의 시대와 니체 : "신은 죽었다"   119

Part 4　자연과 철학

과학이 세계관을 뒤흔들다

1. 근대 과학의 탄생 : 지동설에서 뉴턴까지　134

2. 진화론과 다윈

　: 목적 없는 자연 속 흔들리는 인간의 자리　139

3. 20세기 과학의 충격 : 상대성과 양자의 세계　150

Part 5　폭력과 철학

전쟁과 해방의 사상들

1. 1차 세계대전과 실존주의

　: 부조리 속에서 자유를 외치다　160

2. 2차 세계대전과 악의 평범성

　: 순응은 변명이 되지 않는다　172

3. 냉전과 규율사회

　: 권력은 정상성의 이름으로 작동한다　183

Part 6   인간과 철학
　　　　심리와 정체성의 발견

1. 칸트의 인식 구조 : 인간이 세계를 보는 틀   198

2. 프로이트의 무의식

　　: 인간은 스스로 알 수 없는 존재   208

3. 비트겐슈타인의 언어철학

　　: 언어가 곧 세계다   217

에필로그: 철학은 당신의 삶에서 시작된다 ｜ 225

참고문헌 ｜ 227

정치적 현실이 사유를 불러내다

Part 1 권력과 철학

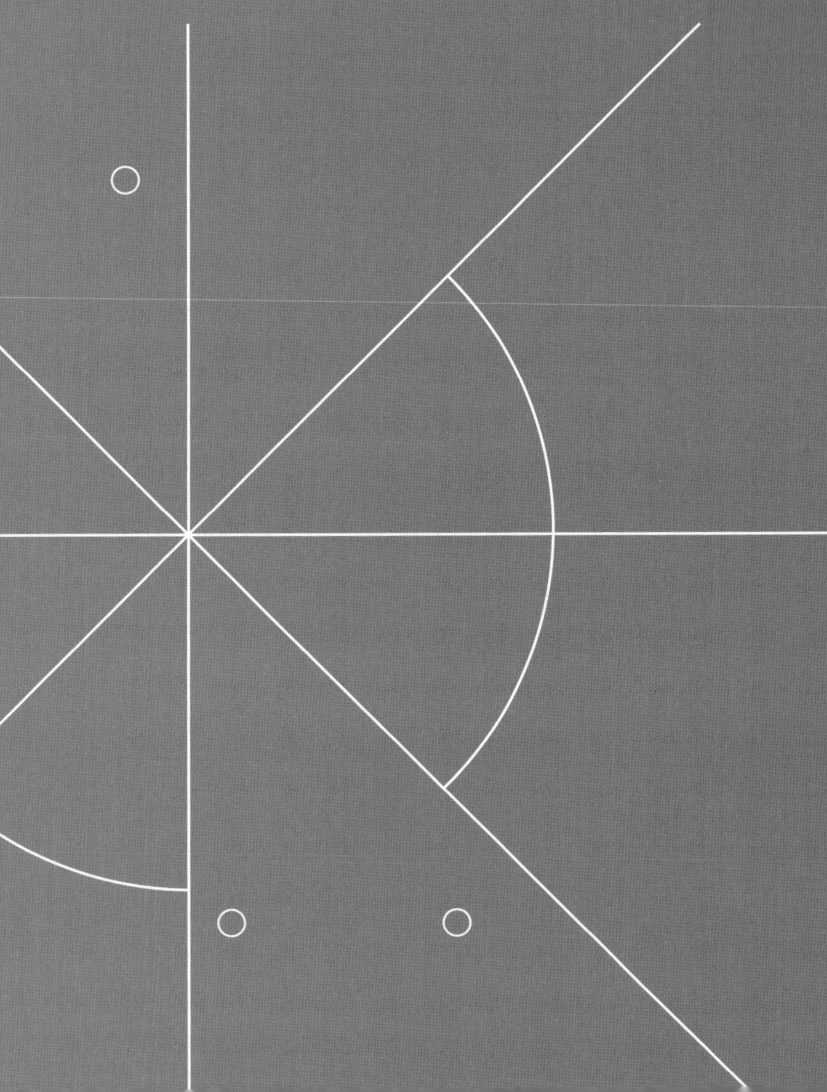

—

철학은 흔히 서재 속 고요한 사색에서 태어난다고 여겨지곤 합니다. 그러나 역사를 돌이켜 보면, 가장 강렬한 철학은 언제나 격렬한 정치적 현실에서 솟아올랐습니다. 전쟁의 혼란, 혁명의 불꽃, 권력의 부패와 몰락, 그리고 새로운 제도를 향한 인간의 욕망 등이 철학자들의 사고를 자극했습니다. 그들이 던진 질문은 책 속에만 머무르지 않았습니다. 행동이 되고, 사회를 뒤흔드는 힘이 되었습니다.

소크라테스는 아테네 민주정의 한복판에서 "다수의 결정이 곧 진리인가?"를 물으며 권력과 여론에 맞서는 비판적 사유의 의미를 남겼고, 마키아벨리는 피렌체의 음모와 권력 다툼 속에서 정치와 도덕을 분리해 현실적인 정치학을 내놓았습니다.

홉스는 내전으로 무너진 영국에서 절대 주권의 필요성을

역설했고, 반면 루소는 불평등이 극단으로 치달은 사회에서 인민주권을 제시해 혁명의 불씨를 지폈습니다.

마르크스는 산업혁명의 모순 속에서 계급투쟁의 철학을 세우며 20세기 세계 질서를 뒤흔들었습니다. 그리고 존 롤스는 불평등과 자유가 충돌하던 미국 사회에서 공정으로서의 정의를 제시하며 오늘날까지 이어지는 논쟁의 장을 열었습니다.

이들은 모두 철학을 통해 '어떻게 권력을 나누고, 어떻게 사회를 유지할 것인가'라는 질문에 답했습니다. 그리고 그 답은 책 속의 사상으로만 머물지 않았습니다. 그들의 사유는 제도와 법, 혁명과 정책으로 구체화되며 실제 현실을 바꾸는 힘이 되었습니다.

오늘날 우리의 상황도 다르지 않습니다. 선거 때마다 쏟아지는 '민주주의는 제대로 작동하고 있는가?', '자유와 평등의 균형은 어디에 있는가?', '공정한 사회란 무엇인가?'라는 물음들은, 사실 소크라테스에서 롤스까지 이어져 온 오래된 질문의 다른 표현일 뿐입니다. 즉, 철학은 과거의 기록이 아니라, 지금 우리의 현실을 비추는 거울이자 미래를 설계하는 도구인 셈입니다.

1. 르네상스와 마키아벨리
: 불안정한 권력이 낳은 냉정한 정치학

"사랑받는 것보다 두려움의 대상이 되는 편이 더 안전하다."
—니콜로 마키아벨리, 『군주론』

정치의 본질은
힘의 논리

우리는 선거를 볼 때마다 정치가 복잡하다고 느낍니다. 누가 옳고 그르다고 단정하기 어렵고, 표면적으로는 도덕과 이상이 언급되지만, 그 이면에는 권력의 이해관계가 있습니다. 누가 이익을 얻고, 누가 손해를 감수하는가. 정치는 결국 그 계산이 맞물리는 자리에서 움직입니다.

이 점을 가장 먼저, 그리고 가장 냉정하게 꿰뚫어 본 사람이 바로 마키아벨리입니다. 그는 정치를 '좋고 나쁨'의 문제로 보지 않았습니다. 오히려 인간이 권력을 다루는 방식, 그리고 권력 앞에서 얼마나 일관되게 현실을 직시할 수 있는 가에 주목했습니다. 그에게 정치는 윤리의 연장이 아니라, 생존의 기술이었습니다.

16세기 피렌체는 르네상스의 화려한 예술의 장이었습니다. 동시에 불안정한 권력의 무대이기도 했습니다. 교황, 귀족, 시민 세력이 얽히고, 전쟁과 음모가 일상이었습니다. 마키아벨리는 그 혼란의 중심에서 권력이 어떻게 움직이는지를 관찰했습니다. 그리고 결론 내렸습니다. 도덕은 정치의 이상이 아니라, 정치가 작동하는 조건 중 하나일 뿐이라고요.

그의 사유는 냉정했지만 현실적이었습니다. 그는 권력을 비판하지 않았습니다. 다만, 권력이 어떻게 작동하는지를 끝까지 직시했습니다.

권력의 실험실, 르네상스 피렌체

15~16세기의 이탈리아는 지금처럼 하나의 나라가 아니

있습니다. 우리가 오늘 '이탈리아'라 부르는 땅은 당시 수많은 도시국가로 쪼개져 있었죠. 피렌체, 베네치아, 밀라노, 로마 교황령, 나폴리 등 각각은 독립된 권력 중심지였고, 저마다의 군주와 가문이 세력을 다퉜습니다. 중앙집권도, 통일된 국왕도 없었습니다. 오직 힘과 동맹, 배신과 복수의 연쇄만이 있었습니다.

겉으로는 르네상스의 꽃이 찬란히 피었습니다. 미켈란젤로가 천장화를 그리고, 레오나르도 다빈치가 과학과 예술을 넘나들던 시대였죠. 하지만 그 아름다움의 이면에는 불안과 긴장이 흐르고 있었습니다. 예술은 평화의 산물이 아니라, 혼란의 불씨 속에서 타올랐던 불꽃이었습니다. 사람들은 불안정한 현실 속에서 한순간의 영광이라도 붙잡고 싶어 했고, 그 욕망이 예술과 사유의 에너지가 되었습니다.

그 중심에 피렌체가 있었습니다. 피렌체는 부와 예술, 음모와 배신이 뒤섞인 도시였습니다. 도시의 심장에는 막대한 금융력으로 권력을 장악한 메디치 가문이 자리했습니다. 그들은 교황을 배출하고, 유럽의 왕들과 혼맥을 맺으며 피렌체의 비공식 군주로 군림했습니다. 그러나 그들의 독주를 막으려는 세력도 만만치 않았습니다. 공화정을 지지하는 시민들, 다른 귀족 가문들, 그리고 종교적 권위를 앞세운 인물들이 끊임없이 맞섰습니다.

권력의 균형은 언제나 불안했습니다. 메디치가 추방당했다가 몇십 년 후 돌아오고, 공화정을 외쳤던 도시가 다시 독재로 돌아섰습니다. 오늘의 충성스러운 부관이 내일은 반역자로 처형당했죠. 광장에는 배신자들의 시체가 매달렸고, 그 모습은 곧 피렌체 시민들에게 '권력의 본질'을 가르쳐 주는 잔혹한 교과서였습니다. 피렌체는 르네상스의 영광을 상징하면서도, 동시에 정치가 얼마나 냉혹한 생존의 기술인지 보여 주는 실험실이었습니다.

여기에 외세의 그림자까지 드리웠습니다. 프랑스 왕은 알프스를 넘어 군대를 이끌고 왔고, 스페인은 교황과 손잡고 이탈리아를 장악하려 했습니다. 신성로마제국의 황제 역시 언제든 남하할 준비가 되어 있었습니다. 동맹은 하루를 넘기지 못했고, 어제의 친구가 오늘의 적이 되었습니다. 약속은 종이에만 존재했고, 전쟁은 끊이질 않았습니다.

이 혼돈의 시대 한가운데서 마키아벨리는 깨달았습니다. 정치는 도덕의 연장이 아니라는 사실을요. 오히려 정치에는 정치만의 냉정한 법칙이 있다고 보았습니다. 그가 보기에 이상만 좇는 군주는 오래가지 못했습니다. 선의는 금세 배신으로 돌아오고, 자비는 혼란을 불렀습니다. 반면 냉정하게 현실을 읽어 내는 군주는, 잔인하더라도 도시를 지켜 냈습니다.

이것이 마키아벨리가 『군주론』을 쓴 계기입니다. 권력자를 찬양하기 위해서가 아니라, 불안정한 시대에 '어떻게 해야 나라를 지킬 수 있는가'라는 질문에 답하기 위해서였습니다. 그의 결론은 명확했습니다. 도덕이 아니라 기술, 이상이 아니라 생존. 그는 다음과 같이 결론짓습니다.

사랑받기보다 두려움의 대상이 돼라. 약속은 지킬 필요가 있을 때만 지켜라. 잔혹함이나 사기도 정치적 수단이 된다.

이 문장들은 이상주의자들에게는 충격이었지만, 현실의 권력자들에게는 진실처럼 들렸습니다. 마키아벨리는 권력을 미화하지 않았지만 그 본질을 솔직하게 드러냈습니다.

냉정한 권력의 해부학
마키아벨리와 『군주론』

마키아벨리가 남긴 『군주론』은 종종 '권모술수의 대명사'로 소개됩니다. 하지만 그의 문장을 당시 피렌체의 혼란한 현실 속에 놓고 보면, 단순한 음모론이 아니라 살아남기 위한 냉혹한 생존 지침임을 알 수 있습니다.

그는 피렌체에서 여러 군주를 만났습니다. 권력의 교체는 잔혹한 방식으로 이루어졌고 충성은 오래가지 못했습니다. 이상과 도덕을 내세운 이들이 권력을 잡으면 오히려 잔혹한 독재자가 되었고, 정의를 외치던 정치인은 금세 타협과 거래의 기술을 배웠습니다. 마키아벨리는 이 모든 장면을 지켜보며 정치는 선악의 문제가 아니라, 생존의 문제라고 결론을 내린 것입니다.

그에게 군주는 성인(聖人)이 아니라 기술자에 가까웠습니다. 도덕적 설교보다 더 중요한 것은, 권력을 어떻게 유지하고 나라를 안정시키느냐였습니다. 그는 이렇게 말했습니다.

사랑받는 것보다 두려움의 대상이 되는 편이 더 안전하다.

사랑은 쉽게 변하지만, 두려움은 오래간다는 것이 그의 생각이었습니다. 물론 그가 폭정을 무조건 옹호한 것은 아닙니다. 단지 무자비한 폭력이 군주의 신위나 권위를 불안하게 만든다는 실리적인 측면으로 세상을 분석한 것입니다.

이처럼 마키아벨리는 정치의 세계를 신학이나 윤리의 굴레에서 벗겨 냈습니다. 그에 따르면 권력은 신이 준 것이 아니라, 인간이 다루는 기술이었습니다. 즉, 정치의 성공은 선의의 여부가 아니라 현실을 얼마나 냉정하게 읽어 내는가에 달려 있다고 할 수 있겠죠.

그의 사유는 당시 사람들에게 충격이었지만, 동시에 근대 정치학의 출발점이 되었습니다. 이상과 현실 사이의 간극을 똑바로 바라본 순간, 비로소 정치가 도덕의 이야기가 아니라 인간 사회의 구조를 탐구하는 학문으로 태어났기 때문입니다.

현실을 드러낸 책, 현실을 바꾼 사상

『군주론』은 발표 당시부터 엄청난 파장을 불러일으켰습니다. 피렌체와 로마 교황청의 권력자들에게 이 책은 불온하고 위험한 텍스트였습니다. 정치 지도자가 사랑과 도덕이 아니라 두려움과 공포를 무기로 권력을 유지해야 한다는 사유는, 곧 종교적 도덕과 전통적 명분을 정면으로 부정하는 선언이었기 때문입니다.

그 결과 마키아벨리는 배신자로 몰려 추방되고 고문까지 당했습니다. 『군주론』은 금서 목록에 올라 유럽 곳곳에서 불태워졌습니다. 그러나 금서라는 낙인에도 불구하고 책은 빠르게 퍼져 나갔습니다. 사람들이 마키아벨리의 글에서 자신들이 살고 있는 '현실 그대로의 정치'를 보았기 때문입니다.

마키아벨리의 문장들은 왕과 귀족들의 행동 지침이 되었고, 동시에 수많은 비판자를 탄생시켰습니다. 누군가는 그를 냉혈한이라 불렀고, 또 누군가는 그를 진실을 말한 최초의 정치 사상가라 불렀습니다.

어떤 평가를 내리든 『군주론』이 만들어 낸 변화는 분명했습니다. 정치가 더 이상 신학이나 도덕의 하위 영역이 아니게 됐기 때문입니다. 권력은 신의 뜻이 아니라 인간이 다루는 기술이 되었고, 정치의 중심에는 '도덕적 선'이 아니라 '현실적 효과'가 놓였습니다. 『군주론』은 군주와 신하, 국가와 시민의 관계를 새롭게 정의하며 근대 정치학의 문을 열었습니다.

정리하자면 마키아벨리의 유산은 이중적입니다. 한편으로는 권모술수의 상징이 되었지만, 다른 한편으로는 권력의 구조를 가감 없이 드러낸 거울이 되었습니다. 그의 이름은 지금도 '마키아벨리즘'이라는 단어로 남아, 인간 사회의 냉정한 본질을 상징하고 있습니다.

당신의 삶 속
마키아벨리즘

권력의 논리는 국회 건물 안에만 있지 않습니다. 회사의 승진 경쟁, 조직 내 영향력 싸움, 심지어 사적 관계에서의 주도권까지, 우리는 모두 크고 작은 권력의 장 속에서 살아갑니다.

예를 들어, 당신이 직장에서 중요한 결정을 내려야 하는 위치에 있다고 해 봅시다. 모두에게 좋은 사람으로 남으려 한다면 갈등을 피하느라 필요한 결정을 미루게 되고, 그 결과 리더십을 의심받을 수 있습니다. 반대로 권위를 앞세워

밀어붙이면 반발이 커져 관계가 무너질 수 있죠. 사랑보다 두려움이 더 확실한 안전장치라는 마키아벨리의 사유는, 이 딜레마 앞에서 드러납니다.

그의 요지는 공포를 조성하라는 것이 아니라, 현실을 낭만화하지 말라는 것이었습니다. 인간은 이상대로만 움직이지 않는다는 사실을 인정하는 것이 전략의 출발점이라는 겁니다.

이 통찰은 지금 우리 삶에도 적용됩니다. 인간관계에서, 직장에서, 사회 속에서 '좋은 사람' 이미지와 '결단력 있는 사람' 사이의 균형을 어떻게 잡을 것인가가 결국 나의 영향력을 결정합니다. 마키아벨리는 '도덕적으로 완벽한 군주'라는 환상을 깨고, 현실 속에서 살아남는 전략을 말했습니다. 그리고 그가 보았던 피렌체의 권력 풍경은, 형태만 바뀌었을 뿐 지금 우리의 일상에서도 반복되고 있습니다.

결국 우리가 마키아벨리에게서 가져와야 할 것은 술수나 냉혈함이 아닙니다. '권력과 인간 심리의 작동 방식을 직시하는 눈'입니다. 그 눈을 가질 때 우리는 환경에 끌려가는 사람이 아니라, 상황을 이해하고 선택할 수 있는 쪽으로 옮겨서게 됩니다.

2. 혁명의 시대와 루소
: 불평등이 인민주권을 탄생시키다

"인간은 자유롭게 태어났으나, 어디서나 쇠사슬에 묶여 있다."

―장 자크 루소, 『사회계약론』

당연하지 않은
민주주의

오늘날 우리는 선거철이 되면 투표소에 가고, 헌법이 보장하는 권리를 누리며, '국민주권'이라는 말을 너무도 당연하게 받아들입니다. "모든 권력은 국민으로부터 나온다"라는 문장은 초등학교 교과서에서부터 익숙하게 들었고, 헌법의 제1조로도 새겨져 있어서 마치 원래 세상이 그렇게 돼 있었던 것처럼 느껴지기도 합니다.

하지만 시간을 조금만 뒤로 돌리면 이야기는 완전히 달라집니다. 왕이 나라를 자신의 재산처럼 다루던 시절, 백성은 법을 만드는 주체가 아니라 복종하는 대상이었습니다. '국민이 정치의 주인이다'라는 생각은 자연스러운 사회적 상식이 아니었고, 개인들이 긴 시간 동안 싸워서 쟁취해 낸 권리에 가깝습니다.

우리가 지금 아무렇지 않게 투표용지에 도장을 찍을 수 있는 것은, 18세기 프랑스 혁명의 격렬한 충돌 위에 세워진 산물입니다. 그리고 그 혁명에 불을 붙인 사유의 핵심에는 루소가 던진 선언이 있었습니다.

인간은 태어날 때는 자유롭지만, 어디서나 쇠사슬에 묶여 있다.

오늘날의 민주주의는 바로 이 문장과 그 이후의 역사적 격돌에서 자라난 것입니다.

혁명은 왜 불가피했을까

　18세기 프랑스는 겉으로 보기엔 유럽에서 가장 화려한 나라였습니다. 루이 14세 이후 절대왕정은 절정에 올랐고, 베르사유의 정원과 대리석 궁전은 왕권의 위엄을 과시했습니다. 귀족들은 연회와 사냥으로 시간을 보냈고, 성직자들은 넓은 토지를 기반으로 막강한 영향력을 유지했습니다. 그러나 그 영광은 소수의 것이었습니다. 대다수의 평민은 빵 한 덩이를 놓고도 다퉈야 하는 일상에 놓여 있었습니다.

　프랑스 사회는 철저하게 세 개의 신분(삼부회)으로 나뉘어 있었습니다. 제1신분 성직자와 제2신분 귀족은 전체 인구의 극히 일부였지만 토지의 절반 가까이를 소유하고 있었습니다. 이들은 면세 특권을 누리며, 정치적 영향력까지 독점했습니다. 반면 제3신분, 즉 농민·상인·장인·도시 빈민으로 이루어진 다수는 나라 재정을 떠받치는 세금 부담을 고스란히 짊어져야 했습니다.

　경제 상황은 매우 심각했습니다. 수십 년간 이어진 전쟁과 왕실의 과도한 지출은 국가 재정을 바닥나게 했습니다. 여기에 1780년대 들어 흉작이 겹치며 곡물 가격은 폭등했고, 빵 한 덩이를 사기 위해 하루 품삯을 다 써야 하는 상황이 벌어졌습니다. 도시는 굶주린 민중의 불만으로 술렁였고,

시골에서는 세금 징수와 영주권 행사에 분노한 농민들이 반란을 일으키기도 했습니다.

이 긴장이 폭발한 계기가 1789년 삼부회 소집이었습니다. 루이 16세는 재정 위기를 해결하기 위해 175년 만에 회의를 열었지만, 표결 방식은 여전히 신분별 1표씩이었습니다. 인구의 98%를 차지하는 제3신분은 구조적으로 이길 수 없는 게임에 또 한 번 내던져졌습니다. 결국 그들은 별도의 회합을 열어 자신들을 '국민의회'라고 선언했고, 이것이 곧 혁명의 문을 여는 첫 장면이 되었습니다.

이 상황에서 루소가 『사회계약론』에서 제시한 "국민이 곧 주권자"라는 사상은 현실에서 터져 나오던 사회적 요구와 맞물리며 거대한 불씨가 되었습니다.

자유를
회복하라

루소는 당시의 불평등을 단순한 계급 차이로 보지 않았습니다. 사회를 떠받치는 법과 제도 자체가 소수를 위해 설계된 구조라고 보았습니다. 귀족과 성직자는 질서 유지와 사회계약이라는 말을 내세워 자신들의 특권을 정당화했고, 그 계약의 결과는 다수에게는 굴레로 작동하고 있었습니다. 루소의 눈에 이것은 계약이 아니라 족쇄였습니다. 그래서 『사회계약론』 첫 문장을 "인간은 자유롭게 태어났으나, 어디서나 쇠사슬에 묶여 있다."라고 쓴 것입니다. 이 문장은 시대를 정면으로 겨냥한 선언이었습니다.

루소가 제안한 해결책은 계약을 다시 쓰는 것이었습니다. 개인은 자신의 권리를 공동체 전체에 넘기되, 그것이 특정 권력자에게 집중되는 것이 아니라 시민 전체에게 같은 조건으로 위임되어야 한다는 것입니다. 그렇게 모인 힘이 '일반의지(Volonté générale)'를 형성합니다. 일반의지는 개개인의 사익을 넘어, 구성원 모두가 공통으로 지향하는 공동선입니다. 따라서 참된 법은 소수를 위한 장치가 아니라, 공동선으로서의 일반의지를 반영해야 합니다.

여기서 루소가 말한 "자유"는 흥미롭습니다. 그는 자유를 단순히 간섭이 없는 상태로 보지 않았습니다. 제정에 참여하지 않은 사람에게 그 법을 따르게 하는 것은 강제에 가깝지만, 참여하여 따르는 것은 자율이라는 것입니다. 민주주의의 핵심 원리가 이 문장에서 미리 모습을 드러냅니다.

또 하나 중요한 점은 루소가 주권을 양도 불가능한 것으로 보았다는 점입니다. 주권이 왕이나 의회로 이전되어 시민 위에서 행사되는 순간, 그것은 정당성을 잃는다고 주장했습니다. 주권은 어디까지나 국민 전체에게 속하며, 대표나 군주의 이름으로 대체될 수 없는 것이라는 이 생각은 곧 기존 체제의 기반을 뒤흔드는 도전이었습니다.

결국 루소의 『사회계약론』은 정치 체제를 설명하는 이론서가 아니라, 현실 질서를 바꾸기 위한 철학적 선언에 가까웠습니다. 그는 특권층의 합리화를 지탱하던 계약을 해체하고, 다수가 주체가 되는 새로운 질서를 요구했습니다. 그 글은 프랑스 혁명이라는 사건의 한가운데에 놓일 사상적 불씨가 되었습니다.

프랑스 혁명의 불씨가 되다

루소의 『사회계약론』은 처음 출간될 당시부터 위험한 책으로 여겨졌습니다. 왕권과 특권층의 권위를 정당화하던 기존 질서를 정면으로 부정했기 때문입니다. "인간은 자유롭게 태어났으나, 어디서나 쇠사슬에 묶여 있다"는 선언은, 왕과 귀족이 정한 법과 제도에 복종하던 다수의 삶을 그대로 겨냥한 비판이었습니다. 그래서 곧 금서로 지정되었고, 루소 자신도 박해를 피해 도피해야 했습니다. 그러나 사상을 막는다고 불씨까지 사라지지는 않았습니다. 오히려 은밀하게 읽히며, 시대의 모순을 견디던 이들의 가슴에 불을 지폈습니다.

1789년, 프랑스 혁명이 터졌을 때 혁명가들의 손에는 단검과 총뿐만 아니라, 루소의 책이 쥐어져 있었습니다. 그의 일반의지 개념은 국민을 단순히 왕의 백성이 아니라, 정치적 주체로 새롭게 정의했습니다. 국민이 스스로 만든 법에 따르는 것이야말로 진정한 자유라는 그의 주장은, 봉건제와 절대왕정을 무너뜨리는 정당성의 근거가 되었습니다. 혁명가들은 루소의 언어로 자신들의 투쟁을 정당화했고, 그 언어는 곧 "국민주권"이라는 새로운 정치 원리로 자리 잡았습니다.

프랑스 혁명의 삼색기는 루소가 꿈꾼 새로운 사회의 상징이었습니다. "국민이 곧 주권자"라는 생각은 혁명의 슬로건으로 울려 퍼졌고, 왕과 귀족이 독점하던 권력은 거리의 군중에게 넘어갔습니다. 루소의 사유는 단순히 글 속에 머물지 않고, 바리케이드 위에서, 국민의회 안에서, 혁명군의 노래 속에서 살아 움직였습니다.

이 불씨는 프랑스를 넘어 유럽 전역으로 확산되었습니다. 독일, 이탈리아, 심지어 라틴아메리카의 독립운동까지, 루소의 언어는 억압받던 민중이 자신들의 자유를 주장하는 무기가 되었습니다. 그의 사유는 강의실이나 서재에 머무르지 않고, 거리와 의회, 봉기와 선언문의 문장 속에서 계속 사용되며 제도를 바꾸는 실제 힘으로 작동했습니다.

그 결과 『사회계약론』은 프랑스 혁명의 이론적 기반을 넘어서, 근대 민주주의가 자신을 설명하는 방식 자체를 바꿔놓았습니다. 오늘 우리가 헌법에서 읽는 "모든 권력은 국민으로부터 나온다."라는 문장은 루소가 남긴 사유의 후손입니다.

포퓰리즘 시대, 일반의지는 여전히 살아 있을까

오늘날 우리는 루소가 상상조차 하지 못했을 형태의 민주주의 속에 살고 있습니다. 헌법에 국민주권이 새겨져 있고, 선거를 통해 대표를 뽑으며, 누구나 표현의 자유를 누릴 수 있습니다. 루소가 꿈꿨던 "내가 만든 법에 복종하는 자유"가 제도화된 사회에 살고 있는 셈입니다.

그러나 민주주의가 제도화되었다고 해서, 그것이 늘 건강하게 작동하는 것은 아닙니다. 오히려 루소가 경계했던 문제들이 새로운 모습으로 다시 등장하고 있습니다. 인터넷과 SNS가 발달하면서 여론은 순식간에 형성되고, 때로는 진실보다 선동이 더 빠르게 퍼집니다. 선거는 시민의 의사를 반영하는 도구이지만, 동시에 포퓰리즘 정치가 대중의 감정을 이용해 권력을 장악하는 무대가 되기도 합니다.

여기서 우리는 루소의 '일반의지'를 다시 떠올릴 필요가 있습니다. 루소가 말한 일반의지는 단순히 다수결이 아니었습니다. 다수가 원한다는 이유만으로 옳다고 할 수는 없다는 것이지요. 일반의지는 공동체 전체의 이익을 향하는 의지였습니다. 오늘날 민주주의가 흔들리는 이유는 바로 이 구분이 희미해졌기 때문입니다. 여론이 일반의지라고 착각하고, 정치인들은 다수의 욕망을 즉각적으로 충족시키려 합니다. 그래서 루소의 질문은 여전히 우리에게 유효합니다.

**우리가 따르고 있는 것은 공동선으로서의 일반의지인가,
아니면 순간적 욕망의 합인가?**

이 질문은 입시제도의 공정성 논란부터, 부동산 정책, 복지 제도의 설계, 나아가 글로벌 민주주의의 위기까지, 수많은 현대적 문제에 그대로 적용됩니다.

루소는 이상주의자였지만 동시에 현실을 깊이 꿰뚫어 본 사람이었습니다. 그가 던진 일반의지 개념은 단순히 18세기 혁명의 언어가 아니라, 21세기 민주주의가 스스로를 점검하는 거울로서 유효합니다.

투표소에 들어설 때, 혹은 온라인에서 정치적 의견을 말할 때, 우리는 스스로 점검할 필요가 있습니다. 그 선택과 의견이 공동선을 향한 의지인지, 아니면 개인적 분노의 표출인지를 말이죠.

3. 산업혁명과 마르크스
: 자본의 모순이 계급투쟁을 부르다

"지금까지의 모든 사회의 역사는 계급투쟁의 역사이다."
— 카를 마르크스·프리드리히 엥겔스, 『공산당 선언』

노동의 가치,
끝나지 않는 논쟁

오늘날에도 '노동'과 '자본'의 관계는 끊임없는 논쟁거리입니다. 최저임금은 충분한가, 아니면 기업에 무리한 요구인가. 플랫폼노동자는 독립 사업자인가, 아니면 보호받아야 할 노동자인가. 택배 기사와 배달 라이더의 지위, 비정규직과 정규직의 차이, 그리고 이제는 인공지능이 인간의 일을 대신하기 시작하면서 노동의 몫과 자본의 몫을 어디에 그어야 하는지까지. 질문은 점점 날카로워지고 있습니다. 이는 단순히 월급 몇만 원을 더 주느냐의 표면적인 문제가 아닙니다. 근본적으로는 다음과 같은 질문으로 수렴됩니다.

'노동이 만들어 낸 가치는 누구의 것인가?'

'자본이 가져가는 보상의 한계는 어디까지 정당한가?'

이 질문들은 갑자기 등장한 것이 아닙니다. 그 뿌리는 19세기 산업혁명으로 거슬러 올라갑니다. 거대한 공장, 하루 14시간 넘는 노동, 어린아이의 노동력까지 동원되던 시대, 그때 처음으로 노동과 자본의 관계가 철학적·정치적 문제로 제기되기 시작했습니다. 그리고 이 질문을 정면으로 붙잡아 해부한 사람이 바로 마르크스였습니다. 오늘 우리가 마주하는 자동화, 플랫폼 경제, 양극화 논쟁은 산업혁명과 마르크스를 지나쳐 온 나름의 질문과 대답일지도 모릅니다.

기계가 돌고, 사회는 갈라지고

19세기 초, 산업혁명은 영국을 시작으로 유럽 전역을 휩쓸었습니다. 증기기관과 방적기, 철강 기술과 철도망은 생산 방식을 근본적으로 바꾸었습니다. 이전까지는 수공업과 농업이 중심이었지만, 대규모 공장과 기계가 생산의 핵심이 되기 시작했습니다. 생산량은 기하급수적으로 늘었고, 유럽은 세계 시장을 장악하며 부를 끌어모았습니다.

하지만 이런 경제적 번영은 모두에게 골고루 돌아가지 않았습니다. 자본을 가진 소수는 공장을 세우고 기계를 들여와 부를 축적했지만, 토지를 잃거나 생계를 위해 농촌을 떠난 다수는 값싼 노동력으로 투입됐습니다. 시골에서 도시로 몰려든 이주민들은 공장에 고용되어 장시간 노동을 했습니다. 임금은 최저 수준이었고, 여러 인권유린적 노동 행태를 보였습니다. 특히 아동 노동이 심각했는데, 작은 손이 기계 부품 사이를 다루기에 편리하다는 이유로 위험한 작업에 투입되곤 했습니다.

도시화 역시 부작용을 낳았습니다. 빠른 속도로 성장한 산업 도시들은 위생과 주거 문제를 해결할 준비가 되어 있지 않았습니다. 노동자들은 한방에 여러 가구가 몰려 사는 열악한 환경에서 지냈고, 그로 인해 전염병과 범죄 또한 빈번했습니다. 한편, 부유한 자본가 계급은 별도의 주거 지역을 형성하며 노동자 계급과 생활 수준의 격차를 더욱 선명히 드러냈습니다.

이 과정에서 사회는 점차 두 계급으로 뚜렷하게 나뉘었습니다. 공장, 토지, 기계와 같은 생산수단을 소유한 부르주아지(자본가 계급)와, 자신이 가진 노동력만을 팔아 생계를 이어 가는 프롤레타리아(노동자 계급)로 말이죠. 산업혁명은 인간의 생활 방식을 바꿨을 뿐 아니라, 사회 구조 자체를 재편하게 된 것입니다.

자본의 심장을 해부하다

마르크스는 이런 현실을 도덕적으로 '불쌍하다'거나 '나쁘다'고 말하지 않았습니다. 그는 '왜 이런 일이 필연적으로 일어나는가'라는 질문을 던졌습니다. 그리고 『자본론』에서 자본주의의 작동 원리를 외과의사가 환부를 해부하듯 세밀하게 분석했습니다.

그가 문제의 핵심으로 본 것은 '잉여가치'였습니다. 노동자가 하루 10시간 일한다고 가정하면, 그중 일정 시간은 자신과 가족이 먹고살 만큼의 임금을 벌기 위한 노동입니다. 하지만 그 이후에 만들어진 가치는 노동자에게 돌아오지 않습니다. 그 가치가 바로 자본가의 이윤으로 축적됩니다. 마르크스는 이 남는 부분을 "잉여가치"라고 불렀고, 자본주의는 이 잉여가치를 통해 유지되고 성장한다고 보았습니다.

마르크스가 중요하게 본 지점은 이것이 특정 자본가가 선하거나 악해서 생긴 문제가 아니라, 자본주의라는 경제 구조 자체가 필연적으로 노동자를 착취하도록 설계되어 있다는 것이었습니다. 경쟁 속에서 살아남아야 하는 자본가는 어쩔 수 없이 노동자의 노동력을 가능한 한 저렴하게 사고, 더 많은 잉여가치를 뽑아내야만 했습니다. 그렇지 않으면 시장에서 도태되기 때문입니다.

이 분석을 토대로 마르크스는 역사유물론이라는 관점을 제시했습니다. 그는 역사를 움직이는 원동력이 위대한 성군이나 천재 철학자의 사상이 아니라고 보았습니다. 오히려 생산양식의 변화, 즉 사람들이 생계를 유지하기 위해 노동하고 생산하는 방식, 그리고 그 위에서 벌어지는 계급 간의 갈등이야말로 역사의 주인공이라고 보았습니다. 고대에는 주인과 노예, 중세에는 영주와 농노, 근대에는 자본가와 노동자가 그 주체였습니다.

이러한 생산양식의 차이가 단순히 경제적 삶만을 규정하는 것은 아니었습니다. 마르크스에 따르면 인간의 의식, 종교, 법, 정치, 예술 등 우리가 정신적인 영역이라고 부르는 것들조차 경제적 토대 위에서 형성되는 상부구조였습니다. 다시 말해, 한 사회의 문화와 제도, 사람들의 생각과 가치관, 사람들이 무엇을 옳다고 믿고, 무엇을 당연하게 받아들이는지조차 그 시대의 생산 구조가 만들어 낸 결과라는 것입니다.

이런 시각은 당시로서는 폭탄선언과도 같았습니다. 사회 문제의 원인을 종교적 타락이나 정치 지도자의 무능으로만 돌리던 기존 해석을 전면적으로 뒤엎었기 때문입니다. 마르크스는 문제는 제도 위에 있는 게 아니라, 사회를 떠받치는 토대 자체에 있다고 봤습니다. 즉, 경제 구조가 바뀌지 않는 한 그 위의 모든 모순은 반복될 수밖에 없다는 것입니다.

마르크스는 여기서 멈추지 않았습니다. 그는 철학을 단순히 해석에 머물게 두지 않았습니다. "철학자들은 세계를 다양하게 해석해 왔다. 그러나 중요한 것은 그것을 변화시키는 것이다."라는 말에서 알 수 있듯, 그의 목적은 학문적 연구를 넘어 현실 변혁에 있었습니다. 그런 의미에서 『공산당 선언』은 냉철한 분석과 함께 격렬한 정치적 호소문이기도 했습니다. 선언은 이렇게 시작합니다.

하나의 유령이 유럽을 떠돌고 있다. 공산주의라는 유령이.

그는 노동자들에게 "당신들이 역사의 주인공"이라고 말했습니다. 계급투쟁은 새로운 사회를 향한 역사의 동력이라는 선언이었습니다. 마르크스는 자본주의의 모순이 심화될수록 노동자 계급이 단결하여 결국 체제를 넘어설 수밖에 없다고 보았습니다.

정리하자면, 마르크스의 비판은 단순히 부와 가난의 불평등을 고발하는 것이 아니었습니다. 자본주의가 작동하는 본질적 메커니즘을 폭로하고, 그 구조적 모순을 바꿔야 한다는 실천적 요청이었습니다. 그의 철학은 책상 위의 사유가 아니라, 노동운동과 혁명이라는 거대한 역사적 사건으로 확장되었습니다.

혁명에서 복지국가까지,
세상을 흔든 마르크스의 유산

마르크스의 사상은 그 어떤 철학자의 이론보다도 직접적으로 세상을 바꿔 놓았습니다. 『공산당 선언』과 『자본론』은 단지 학문적인 텍스트가 아니라, 억눌린 다수에게 세상을 이해하는 해석의 틀을 제공했습니다. 이는 단순한 사유의 전환이 아니라, 현실을 움직이는 새로운 언어의 탄생이었습니다.

가장 극적인 영향은 혁명이었습니다. 러시아에서는 레닌과 볼셰비키가 마르크스주의를 현실 정치의 무기로 삼아 1917년 러시아 혁명을 일으켰습니다. 세계 최초의 사회주의 국가 소련은 이후 20세기 국제질서의 한 축으로 부상했습니다. 중국에서는 마오쩌둥이 이를 변형해 농민혁명의 이론적 기반으로 삼았고, 쿠바와 베트남 등에서도 사회주의 혁명이 이어졌습니다. 그 결과 20세기 인류의 절반 가까운 인구가 마르크스주의적 체제 안에서 살아가게 되었습니다.

마르크스의 영향은 혁명에만 머물지 않았습니다. 자본주의 국가들 또한 이 거대한 사상을 무시할 수 없었습니다. 유럽과 미국에서 거세진 노동운동은 8시간 노동제, 주말 휴무, 아동 노동 금지, 산재 보험, 의료보험 등 수많은 제도적 변화를 불러왔습니다. 복지국가 체제가 자리 잡게 된 배경에는 마르크스의 비판을 흡수해 체제를 스스로 개혁하려는 자본주의의 자기조정이 있었습니다. 다시 말해, 오늘날 우리가 누리는 복지 제도의 상당 부분은 마르크스가 던진 문제 제기의 파생 효과입니다.

냉전 역시 마르크스의 영향 아래 전개되었습니다. 미국과 소련의 경쟁은 군사기술 경쟁이기도 했지만, 동시에 '어떤 체제가 더 정당한가'라는 이념 대결이었습니다. 우주 개발, 교육, 스포츠, 문화정책까지도 체제 우월성을 증명하기 위한 무대가 되었습니다. 세계는 마르크스의 이름을 입에 직접적으로 올리지 않을 때에도 그의 사상적 영향을 받아 재편되고 있었습니다.

그의 영향은 학문과 문화로까지 이어집니다. 경제학, 사회학, 정치학, 역사학 등 수많은 학문이 마르크스 이후 새롭게 구조화되었습니다. '계급', '이데올로기', '착취' 같은 개념은 더 이상 급진적 구호가 아니라 학문적 분석의 기본 언어가 되었습니다. 문학과 예술, 영화까지도 마르크스주의 비평이 하나의 전통을 형성했습니다.

21세기에도 그 영향은 끝나지 않습니다. 글로벌 금융위기, 플랫폼노동, 초격차적 양극화 같은 현상을 설명하는 데 마르크스의 분석은 여전히 인용됩니다.

마르크스는 세상을 해석하는 철학자를 넘어, 세상을 바꾼 철학자였습니다. 그의 사유는 혁명을 만들었고, 개혁을 촉진했고, 지금도 우리가 사회를 이해하고 방향을 고민할 때 빠질 수 없는 기준점으로 남아 있습니다.

제도 속에 남은
철학의 흔적

마르크스의 사상은 혁명적 구호로만 머물지 않았습니다. 20세기 이후 많은 사회가 그 비판을 흡수하며 제도를 조정해 왔습니다. 복지국가 체제, 사회보험 제도, 노동시간 단축, 아동 노동 금지와 같은 정책들은 자본주의가 내부의 긴장을 완화하고 장기적으로 지속 가능하기 위해 선택한 장치였습니다. 직접적으로 마르크스를 따르지 않았더라도, 그의 문제 제기가 사회적 합의를 이끌어 내는 압력으로 작용한 것입니다.

오늘날에도 우리는 다양한 제도를 당연하게 누리고 있습니다. 최저임금, 고용보험, 의료보험 같은 제도는 특정한 이념의 산물이라기보다, 여러 사상의 대화와 타협 속에서 정착한 결과물입니다. 그 과정에서 마르크스의 비판 역시 중요한 한 축을 담당했습니다.

따라서 마르크스는 지난 시대의 철학자, 혹은 실패한 혁명의 지도자라기보다는, 사회를 해석하는 이론 중 하나로 존재한다고 볼 수 있습니다. 즉, 지금도 사회를 읽는 하나의 관점으로 살아 숨 쉬고 있는 것입니다.

4. 20세기 미국과 롤스
: 자유와 평등 사이에 공정을 놓다

"사람들은 사회에서 자신이 차지할 위치를 알지 못한 채
  정의의 원칙을 선택해야 한다."
―존 롤스, 『정의론』

'공정'이라는 단어가
불붙이는 논쟁

오늘날 한국 사회에서 가장 뜨거운 단어 중 하나는 아마
도 '공정'일 것입니다. 입시 경쟁에서의 기회, 부동장 시장에
서의 이익 주체, 노동 시장에서의 임금 차이, 이 모든 논쟁
은 결국 '공정하냐, 그렇지 않으냐'라는 근본적인 질문으로
귀결됩니다.

공정은 단순한 덕목이 아니라, 사회 전체를 움직이는 원
리처럼 여겨집니다. 어떤 집단은 기회의 공정을, 또 어떤 집
단은 분배의 공정을 말합니다. 정치권 역시 모두 공정을 크

게 외치지만, 그 의미는 서로 다르게 해석됩니다. 공정이 합의의 언어가 아니라, 갈등의 언어가 되어 버린 것도 그 영향 때문이라고 할 수 있습니다.

이처럼 오늘날 우리가 맞닥뜨리는 수많은 사회적 논쟁, 대학입시의 정시냐 수시냐, 복지 혜택의 확대나 축소냐, 세금은 얼마나 걷고 어떻게 나눌 것이냐 등은 모두 '공정이라는 기준을 어떻게 정할 것인가'라는 질문으로 귀결됩니다. 바로 이 질문이, 20세기 미국의 철학자 존 롤스를 불러낸 배경이었습니다.

불평등의 그림자 속에 흔들리던 미국

2차 세계대전 이후 미국은 세계 질서의 중심에 서며 자유와 번영의 나라라는 이미지를 굳혔습니다. 그러나 사회 내부를 들여다보면, 그 화려한 겉모습과는 달리 깊은 균열이 존재했습니다.

가장 뚜렷한 문제는 인종 갈등이었습니다. 남부 지역의

법은 학교·교통·공공시설을 인종별로 분리했고, 흑인은 사실상 시민권을 박탈당한 채 살아야 했습니다. 학교 분리가 위헌이라고 선언된 이후에도 제도는 곧바로 현실을 바꾸지 못했습니다. 1960년대 민권운동은 체포와 폭력을 감수한 채 '동등한 시민권'을 요구하며 이어졌습니다. 미국이 스스로 자랑하던 자유의 나라라는 자부심은 이 장면 앞에서 시험대에 올랐습니다.

경제적 불평등도 깊었습니다. 전후 성장과 함께 중산층이 등장했지만, 하층 계층은 여전히 빈곤과 실업 속에 방치됐고, 특히 흑인 공동체는 그 타격을 고스란히 받았습니다. 한쪽에서는 고층빌딩과 쇼핑몰이 세워졌지만, 다른 쪽에서는 기본 의료와 교육조차 접근하기 어려웠습니다. '아메리칸드림'은 모두의 것이 아니었습니다.

게다가 냉전 상황은 이 문제를 더 무겁게 만들었습니다. 미국은 자유민주주의의 대표성을 내세우고 있었지만, 내부의 불평등은 그 명분 자체를 흔들 수 있는 약점이었습니다. '과연 우리 국가가 스스로 말할 수 있을 만큼 정의로운 사회가 맞는가?' 이 질문은 국제 경쟁 속에서 단순한 철학적 문제가 아니라 체제의 신뢰와 직결된 문제가 되었습니다.

자유를 우선하면 불평등이 심해졌고, 평등을 강조하면 자유를 억압한다는 비판이 터져 나왔습니다. 이 양극 사이에서 균형을 잡을 새로운 답이 필요했습니다. 하버드대 철학자 존 롤스는 그 간극을 메우기 위해 등장했습니다. 그는 '자유냐 평등이냐'의 선택이 아니라, 둘을 함께 지키는 공정한 원칙을 제시하려 했습니다.

정의를
다시 묻다

존 롤스가 『정의론』을 쓰기 시작한 질문은 단순했습니다.

어떻게 하면 자유주의 사회에서 불평등을 정당하게 조정할 수 있을까?

그는 당시 미국을 보며 자유는 제도적으로 보장되어 있었지만, 그 자유가 모두에게 똑같은 문으로 열려 있지는 않다는 점에 주목했습니다. 어떤 사람에게는 출발선부터 장벽

이 놓여 있고, 기회 자체가 불평등하게 배분되고 있었던 것입니다.

당시의 지배적 관점은 자유주의였습니다. 시장 경쟁과 개인의 권리를 중시하는 전통이죠. 롤스는 이 전통이 자유는 보호하지만, 평등을 충분히 담보하지 못한다고 보았습니다. 반대로 평등을 최우선하는 사회주의적 접근은 개인의 자유를 억압할 위험이 있었습니다. 그는 이 둘 사이에서 공정한 균형을 세우려 했습니다.

이를 위해 그는 한 사고실험을 제시했습니다. 사회의 기본 제도를 만든다고 상상해 보되, 다음과 같은 조건을 걸었습니다.

당신이 사회의 어느 위치에 태어날지 모르는 상태에서 설계하라.

부유층인지 빈곤층인지, 남성인지 여성인지, 장애가 있는지 없는지, 심지어 지능과 재능조차 알 수 없는 상태, 롤스는 이를 "무지의 베일"이라고 불렀습니다. 이 상태에 놓인 사람은 최악의 위치에 놓일 가능성까지 고려할 수밖에 없습니다. 그렇다면 최소한의 보호 장치는 마련되어야 하고, 동시에 누구에게나 노력할 여지도 남겨야 합니다. 이 사고실험에서 롤스는 두 가지 원칙을 도출합니다.

첫째는 모든 사람이 기본적 자유에 있어 동등해야 한다는 '평등한 자유의 원칙'입니다. 표현의 자유, 양심의 자유, 정치적 참여의 자유와 같은 기본권은 사회적 지위나 능력과 무관하게 누구에게나 동일하게 보장되어야 한다는 뜻입니다.

둘째는 '차등의 원칙'입니다. 롤스는 경제적·사회적 불평등이 전면적으로 금지되어야 한다고 보지 않았습니다. 다만 그러한 불평등이 허용되기 위해서는, 그것이 사회에서 가장 불리한 위치에 있는 사람들에게도 실제로 이익이 되는 방식이어야 한다고 주장했습니다.

롤스가 말한 정의는 불평등을 없애는 것이 아니라, 어떻게 관리하느냐의 문제였습니다. 만약 어떤 제도가 사회적 약자의 삶을 개선하지 못한다면, 그 제도는 공정하지 않다는 것입니다.

롤스의 목표는 자유주의를 포기하는 것이 아니라, 그 안에서 평등의 가치를 회복하는 것이었습니다. 다시 말해, 자유와 약자의 권리가 동시에 설 수 있는 조건을 찾아내는 것이 그의 작업의 핵심이었습니다.

정치철학의
지형을 바꾸다

1971년 『정의론』이 나오자 학계는 전후 정치철학의 흐름이 통째로 바뀌었다고 평가했습니다. 당시 정치철학이 사실상 사라진 분야처럼 취급되고 있었기 때문입니다. 20세기 중반, 지적 세계를 지배한 두 흐름은 마르크스주의와 실증주의였습니다.

마르크스주의는 정의·도덕 같은 가치는 역사를 움직이는 힘이 없다고 보았습니다. 역사를 움직이는 진짜 힘은 경제 구조와 계급투쟁이라는 것이었죠. 이런 관점에서는 '정의란 무엇인가?'라는 질문 자체가 무의미한 질문이었습니다.

반대편에서 실증주의는 '검증할 수 없는 것에는 의미가 없다'는 입장을 세웠습니다. 물리학처럼 실험으로 확인되지 않는 자유·평등·권리 같은 가치는 철학의 진지한 대상이 될 수 없다는 태도였습니다. 그 결과 정치철학은 논의의 장에서 밀려났고, 학계는 언어 분석이나 형식 논리 같은 기술적인 문제에만 매달려 있었습니다.

롤스는 이 침묵을 정면으로 깼습니다. 그는 『정의론』을 통해 "정의는 추상적 이상이 아니라, 합리적인 절차를 통해 합의 가능한 사회의 원칙"이라고 주장했습니다. '무지의 베일'이라는 사고실험은 정의를 감정이나 이념의 취향 문제가 아니라, 누구나 받아들일 수 있는 공정성의 기준으로 다시 논의할 수 있게 만든 장치였습니다.

그 영향은 현실로 번졌습니다. 『정의론』은 복지국가 정책을 정당화하는 철학적 근거로 활용되었고, 미국 내부에서도 인권운동과 복지논쟁에 기준점이 되었습니다. 롤스가 제시한 '차등의 원칙'은 단순한 평등이 아니라, 불평등이 존재하더라도 그것이 사회적 약자에게도 이익이 되는 구조여야 한다는 방향을 제시했기에 정책가들에게 실질적인 설계 언어로 쓰였습니다.

학계 역시 자극받았습니다. 하버마스 등 이후의 사상가들은 롤스를 비판하거나 계승하면서 다시 '정의란 무엇인가'라는 질문으로 돌아왔습니다. 한마디로 롤스는, 사라진 줄 알았던 정치철학을 다시 부활시키고 논쟁의 중심으로 끌어

낸 사람이었습니다.

무엇보다 그의 작업은 책상 위의 사변이 아니라 현실 문제로 이어질 수 있는 언어였습니다. 세금, 복지, 교육, 노동, 의료, 입시 같은 삶의 전 분야가 '공정한가'라는 질문 아래 다시 검토될 수 있었던 이유에는 바로 롤스가 있었습니다.

끝나지 않은 질문
오늘의 '공정' 논쟁 속 롤스

'공정한 사회란 무엇인가?' 이 질문은 50년 전 롤스가『정의론』을 쓰며 붙잡았던 것이지만, 오늘날에도 여전히 사회 중심에 놓여 있습니다. 입시제도 개편을 둘러싼 갈등, 부동산 정책과 세금 논쟁, 청년 세대가 외치는 기회의 평등, 노동시장과 복지정책을 둘러싼 격렬한 토론, 모두가 결국 '공정'이라는 단어를 마주하게 됩니다.

정당들은 공정을 앞세우지만, 그 의미는 서로 다릅니다. 어떤 이들은 자유로운 경쟁이야말로 공정하다고 말하고, 또 다른 이들은 불리한 출발선을 보정하지 않는 한 공정은 성립할 수 없다고 주장합니다. 이처럼 공정은 모두가 원하는 가치지만, 그 정의를 두고 합의하는 것이 필요합니다.

바로 이 지점에서 롤스가 제시한 사고실험, 무지의 베일은 여전히 힘을 가집니다. 만약 우리가 내일 어떤 가정, 어떤 계층, 어떤 조건에서 태어날지 알 수 없다면, 과연 어떤 제도를 선택하게 될까요? 이 단순한 상상은 여전히 유효한 나침반이 됩니다. 입시, 복지, 노동, 세금……, 어떤 정책이든 이 질문 앞에서는 생각이 달라질 수 있습니다.

21세기의 불평등은 과거와는 다른 얼굴을 하고 있습니다. 플랫폼노동과 글로벌 자본, AI와 기술혁신은 새로운 양극화를 만들어 내고 있습니다. 하지만 문제의 뿌리는 여전히 같습니다. '자유와 평등 사이에서 어떻게 균형을 잡을 것인가'라는 질문입니다.

롤스의 정의론은 완성된 해답이라기보다는, 우리가 사회적 갈등 속에서 다시 생각해야 할 출발선을 제공합니다. 공정이 여전히 논쟁의 단어인 한, 롤스의 철학은 끝나지 않은 질문으로 남아 있을 것입니다.

경제적 변화가 새로운 사유를 만들다

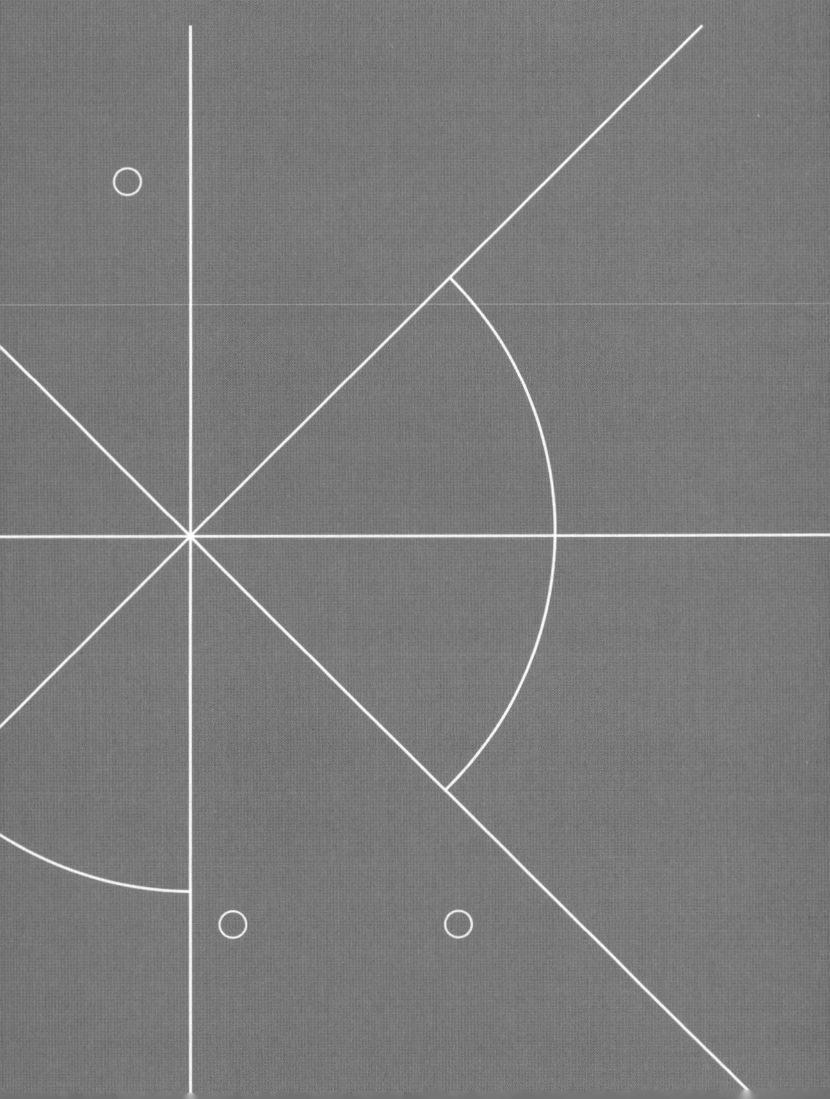

Part 2 부와 철학

—

우리는 흔히 철학을 먹고사는 문제와 동떨어진 고상한 사유라고 생각합니다. 그러나 역사를 보면 철학은 언제나 부의 흐름과 긴밀히 연결되어 있었습니다. 새로운 재산을 누가 소유할 것인가, 교환과 거래의 원리는 어떻게 작동하는가, 소비는 단순한 필요인가 아니면 욕망인가. 이러한 질문들은 추상적 개념이 아니라, 사람들의 삶을 송두리째 바꾸는 현실적 문제였습니다.

16~17세기의 상업혁명은 바다를 넘어 무역을 확장시키며 전례 없는 부를 쏟아 냈습니다. 신흥 상공업 계층은 절대왕정에 맞서 자신들의 재산을 지켜 내고자 했고, 로크는 그들의 목소리를 철학으로 정당화했습니다. "생명·자유·재산은 침해할 수 없는 권리"라는 선언은 이후 자유주의 정치철학의 기초가 되었습니다.

18세기 영국의 번성은 또 다른 질문을 던졌습니다. 무역은 보호해야 하는가, 아니면 자유롭게 풀어야 하는가. 애덤 스미스는 개인의 이익 추구가 결국 공동의 부로 이어진다는 통찰을 내놓았고, "보이지 않는 손"이라는 개념은 근대 경제학의 문을 열었습니다. 자유무역이 오늘날까지 국제 경제의 기본 원리로 자리 잡은 것도 그 연장선입니다.

20세기 후반에 이르러 산업자본주의는 대량 소비 사회로 변했습니다. 사람들은 더 이상 필요한 것만 사지 않았습니다. 보드리야르는 "우리는 물건이 아니라 기호를 소비한다"고 말했습니다. 명품, 브랜드, SNS 속 소비는 경제 행위이자 자기 정체성을 표현하는 방식이 되었습니다.

이처럼 경제는 단순한 교환이 아니라 인간의 인식·욕망·가치 체계까지 바꾸는 힘과도 같습니다. 그리고 철학은 그 변화의 의미를 해석하고 새로운 사회 질서를 설계하는 역할을 해 왔습니다. 인간에게 가장 현실적이고 절박한 영역인 돈, 노동, 부 등이 어떻게 철학과 맞물려 지성사의 방향을 바꾸었는지, 이제 그 상호작용의 궤적을 따라가 보려 합니다.

1. 상업혁명과 로크
: 사유재산권과 자유주의의 탄생

"정부가 신임을 저버릴 때. 국민은 그 정부를 바꿀 권리를 가진다."
—존 로크, 『통치론』

정부는 어디까지
개인의 재산에 개입할 수 있는가

오늘날 한국 사회에서 가장 뜨거운 화두 중 하나는 단연 부동산입니다. 집값이 치솟을 때마다 "재산권은 보장돼야 한다"는 말과 "불평등이 심해진다"는 말이 동시에 터져 나옵니다. 임대차 제도, 세금 정책, 부동산 규제 같은 논쟁의 이면에는 결국 재산을 지키려는 사람과 재산을 얻으려는 사람 사이의 갈등이 놓여 있습니다.

재산권은 단순히 부동산에만 국한되지 않습니다. 저작권, 데이터 소유권, 플랫폼노동자의 권리까지 모두 재산의 문제와 얽혀 있습니다. '누가 무엇을 소유할 수 있는가'라는 질문은 여전히 민주주의와 자본주의 사회를 움직이는 가장 기본적이면서도 가장 첨예한 쟁점입니다.

오늘 우리가 당연하게 생각하는 재산권 보호라는 제도적 장치도 사실은 오랜 역사적 투쟁 속에서 만들어진 산물입니다. 재산권 논쟁은 단순한 정책 문제가 아니라, 민주주의와 자본주의를 떠받치는 가장 근본적인 원칙과 맞닿아 있습니다. 그 뿌리를 따라가다 보면, 16~17세기 상업혁명 시기의 유럽, 그리고 존 로크라는 이름에 다다르게 됩니다.

돈이 세상을 흔들던 시대, 상업혁명이 만든 새로운 권력

16~17세기의 유럽은 말 그대로 돈이 세상을 뒤흔드는 전환기였습니다. 대항해시대가 열리면서 유럽의 지평은 지중해와 대륙을 넘어 대서양과 인도로 확장되었습니다. 콜럼버스, 바스쿠 다가마, 마젤란 같은 항해자들이 개척한 신항로를 따라, 스페인·포르투갈은 아메리카와 아시아의 금은보화를

쏟아 냈고, 뒤이어 네덜란드와 영국은 동인도회사를 세워 향신료·차·비단을 독점적으로 거래했습니다.

아메리카에서 들여온 은과 금은 유럽의 화폐 질서를 바꾸었고, 신대륙의 플랜테이션에서 생산된 설탕·담배·면화는 폭발적인 소비재 시장을 만들어 냈습니다. 여기에 암스테르담과 런던에는 은행, 보험, 증권거래소 같은 새로운 금융 제도가 등장했습니다. 오늘날 자본주의의 원형이라 불릴 만한 제도들이 이 시기에 태어난 것이죠.

이 변화 속에서 가장 주목받은 집단은 신흥 상공인 계층이었습니다. 장거리 무역으로 막대한 부를 축적한 상인, 토지를 효율적으로 운영해 수익을 늘린 지주, 대규모 금융을 운영한 은행가, 전문 기술을 기반으로 성장한 수공업자들이 여기에 속했습니다. 이들은 이제 더 이상 귀족에게만 의존하지 않아도 되는 경제적 자율성을 가졌습니다. 일부는 귀족보다 더 큰 부를 쥐기도 했습니다.

그러나 문제는 정치적 권력이었습니다. 여전히 유럽의 대부분 국가는 절대왕정 체제였습니다. 왕은 의회의 동의 없이 세금을 올릴 수 있었고, 재정이 부족하면 특정 상인의 재산을 몰수하거나, 특정 계급에만 부담을 지우기도 했습니다.

심지어 권력 다툼 속에서 충성 여부에 따라 부와 지위를 하루아침에 빼앗기는 일도 비일비재했습니다.

따라서 상공인과 신흥 지주 계층에게 국왕은 보호자가 아니라 예측 불가능한 위험 요소였습니다. 부를 쌓으면 쌓을수록, 언제 이 재산이 빼앗길지 모른다는 불안은 더 커졌습니다. 경제적 성공이 정치적 불안정 속에서 언제든 무너질 수 있다는 현실이, 바로 새로운 철학적 문제의식을 불러왔습니다. 사회 곳곳에서 '재산은 누구의 것인가, 정부는 무엇을 위해 존재하는가'라는 근본적인 질문이 터져 나왔습니다.

바로 이런 맥락 속에서 존 로크가 『정부론』을 집필했습니다. 로크는 인간이 태어날 때부터 가지는 자연권, 즉 생명, 자유, 재산을 침해할 수 없는 권리로 규정했습니다. 그리고 국가의 목적은 왕의 권위를 강화하는 데 있지 않고, 이 자연권을 보호하는 데 있다고 못 박았습니다. 재산권을 신성한 권리로 끌어올린 그의 철학은 상업혁명으로 성장한 신흥 계층의 불안을 달래고, 새로운 사회 질서를 정당화하는 시대의 사유였습니다.

정부는 개인의 생명, 자유,
재산을 지키기 위해 존재한다

로크는 『정부론』에서 인간이 태어날 때부터 가진 자연권을 이야기했습니다. 생명, 자유, 그리고 재산은 왕이 베푸는 선물이 아니라, 인간이라면 누구나 타고나는 권리라는 것입니다. 그는 이 권리들이 분리될 수 없다고 보았습니다. 살아가려면 재산이 필요하고, 재산을 지키려면 자유가 필요하기 때문입니다. 여기서 로크는 한 가지 중요한 문제의식을 던졌습니다.

만약 인간이 본래 이런 권리를 가지고 태어난다면, 국왕이나 귀족은 왜 함부로 세금을 올리고 재산을 빼앗을 수 있는가?

재산이 권력의 은총이라면 언제든 빼앗길 수 있지만, 자연권이라면 누구도 침해할 수 없습니다. 로크는 바로 이 지점에서 절대왕정을 정면으로 비판했습니다.

그렇다면 국가는 왜 필요한가?

로크의 답은 명확했습니다. 인간이 자유롭고 평등하게 살아도, 현실에서는 서로의 권리가 충돌할 수 있습니다. 내가 노동으로 경작한 땅을 다른 사람이 자신의 것이라고 주장하거나, 내가 모은 곡식을 다른 이가 빼앗으려 들 수 있습니다. 이런 혼란을 막기 위해 인간은 서로 계약을 맺고, 권리의 경계를 조정해 줄 공적 기구를 세웁니다. 그것이 바로 정부입니다.

정부의 역할은 어디까지나 '재산을 보호하는 것'에 한정됩니다. 로크는 "정부는 인간의 재산을 지키기 위해 존재한다"고 못 박았습니다. 만약 정부가 오히려 재산을 침해하거나 권리를 파괴한다면, 그 정부는 정당성을 잃게 됩니다. 이때 시민은 저항할 권리를 가진다고 로크는 주장했습니다.

이 사상은 당시 유럽 사회에서 매우 급진적이었습니다. 재산권을 단순히 경제 문제로 보지 않고, 자유와 정치적 권리의 핵심으로 끌어올렸기 때문입니다. 로크의 사유는 결국 영국 명예혁명, 미국 독립혁명, 프랑스 혁명에까지 직간접적으로 영향을 주며 근대 자유주의 정치철학의 토대를 놓게 되었습니다.

혁명을
설계한 철학자

　로크의 『정부론』은 곧바로 현실 정치의 무기가 되었습니다. 1688년 영국 명예혁명에서 의회는 국왕 제임스를 몰아내고 입헌 군주제를 세웠습니다. 이 과정에서 로크의 "정부는 재산을 지키기 위해 존재한다"는 주장은 강력한 이론적 정당성을 제공했습니다. 군주가 마음대로 세금을 올리고 시민의 권리를 침해한다면, 국민은 저항할 권리가 있다는 로크의 논리는 의회파의 무기가 되었습니다.

　이후 로크의 사상은 대서양을 건너 미국 혁명가들에게도 영감을 주었습니다. 1776년 토머스 제퍼슨이 작성한 미국 독립선언은 "모든 인간은 평등하게 태어났으며, 창조주로부터 생명·자유·행복 추구의 권리를 부여받았다."라고 선언했습니다. 여기서 '행복 추구'는 로크가 말한 '재산'의 현대적 변형이었습니다. 미국 건국의 기본 문서 속에 로크의 목소리가 살아 있는 셈입니다.

심지어 프랑스 혁명에서도 로크의 자유주의 사상은 큰 힘을 발휘했습니다. 파리 시민들이 바스티유 감옥을 습격하며 "자유, 평등, 박애"를 외칠 때, 그 구호의 철학적 배경에는 개인의 권리와 재산을 신성시하는 자유주의가 깔려 있었습니다. 로크가 심은 씨앗이 프랑스 혁명의 토양 위에서 다시금 꽃을 피운 것입니다.

이처럼 로크는 근대 자유주의 정치철학의 설계자였습니다. 그의 사상은 왕권을 무너뜨리고, 신대륙의 나라를 세우고, 혁명의 불길을 정당화했습니다. 명예혁명, 미국 독립혁명, 프랑스 혁명 같은 거대한 정치적 변화를 정당화하고 방향을 제시하는 이론적 토대가 되었고, 이후 헌법과 민주주의 제도의 핵심 뼈대를 이루었습니다. 오늘날 우리가 당연하게 생각하는 '재산권 보호', '저항권', '입헌주의' 같은 원칙들은 모두 로크가 던진 사유에서 비롯된 것입니다.

철학이 단지 추상적인 말장난이 아님을, 로크는 누구보다 극적으로 보여 주었습니다. 그의 사상은 역사의 방향을 바꿔 놓았고, 지금 이 순간에도 우리가 살아가는 정치 질서의 심장 속에서 여전히 뛰고 있습니다.

당신의 집, 월급, 데이터는
누구의 것인가

재산권이라고 하면 왠지 법전 속의 딱딱한 개념 같지만, 사실 우리의 하루는 재산권 위에서 돌아갑니다. 아침에 출근해서 받는 월급, 매달 내는 집세, 적금 통장, 주식 계좌, 심지어 내가 올린 유튜브 영상과 남긴 검색 기록까지, 모두 '내 것'임을 보장받을 때만 의미가 있습니다. 만약 누군가가 집을 빼앗거나, 회사가 마음대로 월급을 주지 않거나, 내 콘텐츠를 허락 없이 가져다 쓴다면 우리는 즉시 불공정하다고 외칠 것입니다. 이때 근거가 되는 것이 바로 재산권입니다.

로크가 말한 "정부는 시민의 재산을 지키기 위해 존재한다"는 원칙은 여전히 살아 있습니다. 국가가 범죄로부터 집을 지켜 주고, 법원이 계약을 보장하며, 회사가 임금을 체불하면 처벌을 받는 이유, 모두 재산권을 지키기 위한 장치들입니다.

하지만 21세기의 재산은 옛날처럼 땅과 집에만 머물지 않습니다. 데이터와 지식 또한 재산이 됩니다. '내 개인정보는 누가 소유할까? 내가 만든 코드와 글, 내가 쌓은 평판은 어디까지 내 권리일까? 플랫폼노동자가 만든 성과는 기업의 것일까, 개인의 것일까?' 재산권은 여전히 자유와 권리의 핵심이지만, 정의의 기준은 훨씬 복잡해졌습니다.

재산권은 과거의 철학적 논쟁이 아니라, 지금도 우리가 먹고사는 방식을 결정하는 살아 있는 문제입니다. 앞으로 어떤 사회를 만들 것인가는, 이 질문에 어떻게 답하느냐에 달려 있기도 합니다.

2. 자유무역과 애덤 스미스
: 도덕감정과 보이지 않는 손

"우리는 빵집 주인의 자비심이 아니라,
그가 자신의 이익을 추구하기 때문에 저녁을 얻는다."
— 애덤 스미스, 『국부론』

개인의 욕망이 모여
사회의 질서를 만들다

사람들은 늘 자기 이익을 좇습니다. 더 싸게 사고, 더 비싸게 팔고 싶어 합니다. 애덤 스미스는 이 단순한 욕망을 비난하지 않았습니다. 오히려 그 욕망이 시장이라는 무대 위에서 서로 부딪히고 조율되며, 결과적으로 사회 전체의 부를 키운다고 보았습니다.

오늘날 글로벌 경제 역시 마찬가지입니다. 우리는 각자 더 나은 월급, 더 편리한 서비스, 더 값싼 상품을 원합니다. 그리고 이 욕망들이 얽히면서 국제 무역, 다국적 기업, 금융

네트워크가 작동하고, 결국 전 세계의 생활 수준을 바꾸어 놓습니다. 시장이 단순한 거래소가 아니라, 욕망이 질서를 만드는 거대한 실험장이라는 점에서 스미스의 통찰은 여전히 유효합니다.

부의 시대, 무엇이 사회를 지탱하는가?

18세기 영국은 세계 경제의 중심으로 떠오르고 있었습니다. 식민지를 통한 무역, 아메리카와 인도의 자원, 대서양을 건너는 노예무역까지 얽히며 런던과 같은 도시들은 전에 없던 부를 축적했습니다. 상공업과 금융업은 급격히 성장했고, 유럽 곳곳에서 영국을 부러워했습니다.

하지만 부가 커질수록 질문도 커졌습니다. '이 사회를 지탱하는 힘은 무엇인가?' 그리고 이를 설명하는 여러 가지 해석들도 함께 제시되었습니다.

하나는 국가의 힘이었습니다. 국왕과 정부가 무역을 엄격하게 관리해야 부가 유지된다는 생각이지요. 당시 유럽은

'중상주의'가 지배적인 경제 패러다임이었습니다. 국가는 금과 은을 가능한 한 많이 확보하려 했고, 이를 위해 높은 관세, 식민지 독점무역, 국내 산업 보호정책을 펼쳤습니다. 영국 역시 아메리카 식민지의 무역을 철저히 통제하며, 국부를 곧 국왕의 힘과 연결시켰습니다. 따라서 많은 이들은 국가가 개입하지 않으면 사회 질서와 경제 번영이 무너질 것이라 믿었습니다.

또 다른 하나는 도덕적 의무였습니다. 종교와 전통적 규범이야말로 인간 사회를 지탱하는 기둥이라고 본 것이지요. 기독교적 교리 속에서는 인간의 탐욕을 억제하고 공동체를 유지하는 역할을 신앙과 도덕이 맡아야 한다고 강조했습니다. 즉, 사람들은 서로의 양심과 종교적 도리를 지키기 때문에 사회가 붕괴하지 않고 유지된다는 해석이 있었습니다.

그러나 스미스는 이 두 설명이 충분하지 않다고 보았습니다. 현실의 시장에서는 국왕의 통제나 교회의 도덕 훈계와 무관하게, 수많은 상인과 노동자들이 서로 거래하고 있었기 때문입니다. 그들은 본질적으로 자기 이익을 좇았지만, 놀랍게도 사회가 무너지기는커녕 오히려 부가 늘어나고 있었습니다. 스미스는 바로 이 지점에서 새로운 질문을 던졌습니다.

국가의 통제도, 종교적 도덕도 아닌, 또 다른 힘이 사회를 지탱하는 것은 아닐까?

이 의문에서 나온 책이 『도덕감정론』이었습니다. 이 책에서 스미스는 인간이 자기 이익만 좇는 존재가 아니라, 타인의 감정에 공감하는 능력을 지닌다고 설명했습니다. 그 뒤에 나온 『국부론』에선 국가가 시장을 지나치게 통제하지 않아도, 개인의 이익 추구가 '보이지 않는 손'을 통해 사회적 부로 이어진다고 주장했습니다.

즉, 『도덕감정론』은 '사회가 무너지지 않는 이유는 무엇인가?'라는 질문에 대한 답이었고, 『국부론』은 '개인의 부가 어떻게 사회를 풍요롭게 만드는가?'라는 질문의 답이었습니다.

욕망은 어떻게
사회를 지탱하는가

애덤 스미스는 인간의 본성에 대해 관찰했습니다. 사람은 본래 자기 이익을 좇는 존재이면서도 단순히 계산적인 기계가 아니라는 점에도 주목했습니다. 우리는 타인의 고통을 보면 연민을 느끼고, 다른 사람의 기쁨을 보면 함께 기뻐합니다. 이 공감의 능력 덕분에 사회는 단순한 이해관계의 집합을 넘어 도덕적 유대를 형성할 수 있다는 겁니다.

이 의식에서 탄생한 책이 바로 『도덕감정론』입니다. 스미스는 여기서 사회가 무너지지 않는 이유를 설명하려 했습니다. 인간이 욕망만을 좇는다면 사회는 금세 갈등으로 붕괴했을 것입니다. 하지만 우리는 서로의 시선을 의식하고, 타인의 인정과 도덕적 평가를 갈망합니다. 즉, 자기 이익과 더불어 타인의 감정을 헤아리는 본성 때문에 사회적 질서가 가능하다는 것이 스미스의 답이었습니다.

하지만 이 논리만으로 당시의 사회를 설명하기엔 충분하지 않았습니다. 18세기 영국은 무역과 산업이 폭발적으로 성장하던 시기였습니다. 부가 쏟아져 들어오는 현실에서 스미스는 다음 질문을 던졌습니다.

그렇다면 개인의 이익 추구는 단순히 사회를 무너지지 않게 유지하는 데 그치는가? 아니면 사회 전체의 부를 늘리는 원동력이 될 수도 있는가?

　이 질문에 대한 답으로 나온 책이『국부론』입니다. 스미스는 국왕의 보호무역이나 교회의 도덕적 통제 없이도, 시장이라는 무대에서 개인의 욕망이 부딪히고 교환되며 놀라운 결과를 낳는다고 보았습니다. 빵집 주인은 이웃을 배불리 먹이려는 선의가 아니라 자신의 생계를 위해 빵을 굽습니다. 하지만 그 개인의 목적은 '모두가 빵을 먹을 수 있다'는 사회적 결과로 귀결됩니다. 이처럼 각자의 욕망이 시장에서 조율될 때, 사회 전체의 부가 늘어나는 메커니즘이 작동합니다. 이를 스미스는 "보이지 않는 손"이라 불렀습니다.

　『도덕감정론』은 '인간의 욕망에도 불구하고 사회가 어떻게 유지되는가'라는 문제를,『국부론』은 '그 욕망이 어떻게 사회 전체의 부를 창출하는가'라는 문제를 다뤘습니다. 한편으론 『도덕감정론』과『국부론』사이에서 스미스가 변한 것처럼 보이기도 합니다. 앞에서는 '공감'을 말하다가, 뒤에서는 '이기심'을 강조하기 때문입니다.

　그러나『도덕감정론』은 '사회가 무너지지 않는 이유'를,『국부론』은 '사회가 번영하는 이유'를 설명한 책이었습니다. 스미스에게 경제학은 돈의 계산법을 넘어서, 인간 본성과 사회 질서를 탐구하는 철학의 연장선이었습니다.

근대 경제학의
출발점이 되다

『국부론』이 출간되자, 당시 유럽은 큰 충격을 받았습니다. 국가는 언제나 무역을 관리하고 세금을 조정하는 주체라 여겼는데, 스미스는 무역에 대한 과도한 국가개입을 비판했기 때문입니다. 국왕이 곡물 가격을 정하지 않아도, 상인이 이익을 좇아 거래하는 과정 속에서 곡물은 필요한 곳으로 흘러 들어갑니다. 이 단순하면서도 급진적인 설명은 곧 근대 경제학의 출발점이 되었습니다.

스미스의 자유무역 사상은 19세기 영국이 세계의 공장으로 성장하는 데 이론적 깃발이 되었습니다. 실제로 영국에서 자유무역 정책을 본격화할 때, 영국 정치인들은 『국부론』을 근거로 삼았습니다. 이후 산업혁명으로 만들어진 영국산 면직물은 전 세계로 퍼져 나갔고, 자유무역은 대영제국 패권의 상징이 되었습니다.

스미스의 사상은 대서양을 건너 미국과 유럽 대륙으로도 확산되었습니다. 자유로운 경쟁, 분업, 시장의 자율성이 근대 자본주의 사회를 정당화하는 언어가 되었고, 이후 19세기 경제사상가들의 토대가 되었습니다. 케인스나 하이에크 같은 20세기 경제학자들도 스미스를 언급하지 않을 수 없었고요.

스미스는 자본주의라는 거대한 실험을 이론적으로 출발시킨 인물이었습니다. 오늘날 우리가 시장, 무역, 경쟁을 너무나 당연하게 생각하는 것도 따지고 보면『국부론』의 시선에서 비롯된 것입니다.

자유시장에서
여전히 살아 있는 질문

오늘날 우리는 자유무역의 시대에 살고 있습니다. 온라인 쇼핑으로 클릭 한 번만 하면 해외 상품이 집 앞까지 배달되고, 휴대폰 속 부품은 여러 대륙을 오가며 만들어집니다. 이런 흐름을 정당화하는 사상적 뿌리에는 여전히 애덤 스미스의 '보이지 않는 손'이 자리합니다.

동시에 새로운 질문이 떠오릅니다. 자유로운 시장이 항상 풍요로운 결과를 가져오는가? 한쪽에서는 혁신과 풍요가 만들어지지만, 다른 한쪽에서는 일자리 불안과 지역 공동체 붕괴가 나타나기도 합니다. 또 지구적 차원에서는 성장의 논리가 환경 위기와 충돌하고 있습니다.

스미스의 사상이 오늘날 다시 주목받는 이유도 여기에 있습니다. 그는 이익만을 찬양한 사람이 아니라,『도덕감정론』에서 인간의 공감 능력과 사회적 유대를 강조했습니다. 즉, 시장은 이익을 추구하되, 도덕적 토대 위에서만 건강하게 작동할 수 있다는 것입니다. 그래서 스미스는 우리에게 묻습니다.

자유로운 시장은 어떤 조건에서 인간에게 진정한 번영을 가져다줄 수 있는가?

이 질문은 우리가 소비를 선택하는 매일에 계속 반복되어 적용됩니다.

3. 소비사회와 보드리야르
: 욕망과 기호의 경제학

"사람들은 사물을 그 자체로 소비하지 않는다.
그들은 사물이 의미하는 차이를 소비한다."
— 장 보드리야르, 『소비의 사회』

내가 뭘 사는지는
내가 누구인지를 답한다

오늘날 우리는 필요한 것만 사는 사회에 살지 않습니다. 휴대폰이 단순 통화 기능을 넘어, 어떤 브랜드를 쓰느냐에 따라 취향과 계급을 드러내는 것처럼요. 커피 한 잔, 운동화 한 켤레, 심지어는 여행지 선택까지도 단순한 소비가 아니라 '나는 이런 사람이다'라는 메시지를 담습니다.

특히 SNS는 이 현상을 극대화시킵니다. 인스타그램 피드 속 사진 한 장은 먹는 것, 입는 것, 가는 곳을 모두 상징으로 바꾸어 보여 줍니다. '좋아요'는 단순한 버튼이 아니라, 내가 소비한 것과 나 자신이 얼마나 매력적으로 보이는지를 증명하는 지표가 됩니다.

즉, 현대사회에서 소비는 더 이상 배고픔을 채우거나 몸을 보호하기 위한 행위가 아닙니다. 소비는 곧 '정체성의 언어'가 되었고, 물건은 그 자체가 아니라 '기호'로 기능합니다.

대량생산에서 대량소비로, 새로운 욕망의 무대

20세기 중반, 세계는 전례 없는 변화를 겪었습니다. 제2차 세계대전 이후 산업은 본격적으로 대량생산 체제에 돌입했습니다. 자동차, 가전제품, 패션 의류까지 공장에서 쏟아져 나오자, 문제는 '무엇을 만들 것인가'에서 '이것의 소비자는 누구인가'로 바뀌었습니다.

이때 등장한 것이 광고와 미디어였습니다. 광고는 단순히 제품의 기능을 알리는 역할을 넘어, 소비자에게 '이걸 사면 당신이 더 세련돼지고, 더 행복해지고, 더 사랑받을 수 있다'라는 메시지를 주입했습니다. 텔레비전 드라마와 잡지 화보

속 주인공은 특정 브랜드 옷을 입고, 특정 차를 몰고, 특정 음료를 마시기 시작했습니다. 이처럼 소비는 점차 생필품 충족이 아니라, '나'를 보여 주는 행위로 변해 갔습니다.

이 과정에서 사람들은 '내가 무엇을 소유하느냐'로 정체성을 증명하기 시작했습니다. 대량생산된 물건이 넘쳐 나자, '희소성 있는 것', '특별한 기호를 가진 것'에 대한 욕망이 더 커졌습니다. 단순히 배고픔을 해결하는 빵이 아니라, 유명 제과점의 크루아상, 동네 슈퍼에서 파는 티셔츠가 아니라 브랜드 로고가 박힌 옷이 필요해진 거죠.

보드리야르는 바로 이 장면을 포착했습니다. 그는 '우리가 소비하는 것은 물건 자체가 아니라 그 물건이 가진 기호와 상징'이라고 분석했습니다.

우리는 물건이 아니라
기호를 소비한다

보드리야르가 활동하던 1960~70년대 프랑스는 이미 풍요의 사회였습니다. 과거처럼 굶주림과 결핍이 문제가 아니라, 넘쳐 나는 상품과 이미지 속에서 사람들의 욕망이 어떻게 움직이는가가 더 큰 질문이 되었습니다.

보드리야르가 주목한 것은 자본주의의 무게중심이 변하고 있다는 사실이었습니다. 마르크스가 분석했던 19세기의 자본주의는 공장에서 노동자가 생산한 물건이 중심이었고, 그 물건의 가치는 '얼마나 잘 쓸 수 있는가'(사용가치)와 '얼마에 팔 수 있는가'(교환가치)로 설명되었습니다. 그러나 20세기 후반, 대량생산이 당연한 시대가 되자 문제는 달라졌습니다. 물건은 이미 차고 넘쳤고, 자본주의는 이제 '사람들이 더 많이 사게 만드는 일'에 몰두해야 했습니다.

보드리야르는 이 변화의 현장을 파헤쳤습니다. 그는 광고, 백화점 쇼윈도, 텔레비전, 잡지 속 이미지를 관찰하며 중요한 사실을 발견했습니다. 사람들은 더 이상 물건의 실질적 쓰임새 때문에 소비하지 않는다는 것입니다. 자동차는 단순히 이동 수단이 아니라 부와 지위의 상징이 되었고, 시계는 시간을 확인하는 도구가 아니라 세련됨을 과시하는 장식품이 되었습니다. 사람들은 상품의 기능보다 그것이 전달하는 '의미'와 '기호'를 소비하고 있었던 것입니다.

보드리야르는 자본주의가 더 이상 생산 영역만으로 설명

될 수 없고, 소비와 기호의 층위를 분석하지 않으면 이해할 수 없다고 주장했습니다. 그것이 바로 "기호가치"입니다. 상품은 더 이상 물건 그 자체가 아니라, 사회적 언어가 되었다는 뜻입니다. 우리는 브랜드 로고가 찍힌 티셔츠를 입으면서 단순히 옷을 입는 것이 아니라 '나는 이런 취향과 지위를 가진 사람이다'라는 메시지를 발신합니다. 다른 사람들은 그것을 읽어 내며, 소비는 사회적 소통이자 정체성의 표현이 됩니다.

이 구조를 강화하는 것이 바로 광고와 미디어였습니다. 광고는 상품의 성능보다 이미지와 라이프스타일을 팔았습니다. 향수 광고는 향의 성분을 설명하지 않고, 그것을 쓰는 사람을 매혹적으로 보여 줍니다. 자동차 광고는 연비와 안전성을 말하기보다 끝없이 뻗은 도로 위를 자유롭게 달리는 삶을 강조합니다. 이렇게 소비는 단순한 경제 행위가 아니라, 욕망을 자극하고 사회적 의미를 부여하는 장치가 된 것입니다.

보드리야르가 던진 통찰은 명확합니다. 현대사회에서 자본주의를 움직이는 주체는 생산하는 인간이 아니라 소비하는 인간이라는 것. 그리고 그 소비는 필요의 충족이 아니라,

욕망과 기호의 언어로 작동한다는 것. 그는 이 구조를 해부해 사람들이 자기 삶을 더 비판적으로 이해하도록 만들고자 했습니다. '왜 나는 이 브랜드를 갖고 싶어 하는가? 왜 같은 기능을 가진 물건이라도 어떤 로고가 붙었을 때만 만족을 느끼는가?'와 같은 자문을 하도록요.

그의 사유는 우리가 스스로를 더 잘 이해할 수 있는 질문을 남깁니다. '나는 소비로 무엇을 증명하려 하는지, 내가 갈망하는 것은 어떤 인정인지, 나는 보여지는 방식에 왜 이렇게까지 민감한지, 이미지로 구성된 나 없이 어떤 나가 될 수 있는지'에 대해서 말이죠.

소비,
철학의 중심 무대로

보드리야르의 분석은 20세기 후반 이후의 자본주의 사회를 이해하는 핵심 틀로 자리 잡았습니다. 기존의 사회 분석은 공장과 노동, 계급투쟁을 중심으로 이루어졌지만, 보드리야르는 눈을 돌려 백화점 진열대, 광고판, 텔레비전 화면 속 소비문화 등 일상의 풍경을 철학의 테이블 위에 올려놓았습니다.

이는 혁명적인 전환이었습니다. "경제는 생산에서 소비로 옮겨 갔다"라는 보드리야르의 통찰은 이후 사회학, 문화연구, 미디어 이론, 심지어 마케팅과 광고학까지 폭넓게 영향을 주었습니다.

또한 그의 이론은 후기 자본주의와 탈산업사회를 설명하는 강력한 도구가 되었습니다. 산업화 시대의 자본주의가 '노동'의 문제를 중심으로 돌아갔다면, 후기 자본주의는 '소비'와 '기호'의 문제를 중심으로 돌아갑니다. 사람들은 '무엇을 생산하는가'보다 '무엇을 소비하는가'로 자신의 삶과 정체성을 규정하게 되었고, 자본주의는 이 욕망과 상징의 흐름을 끝없이 자극하며 확장해 갔습니다. 그 결과, 시장은 단순한 교환의 장소가 아니라 욕망과 기호가 얽혀 있는 거대한 문화적 텍스트로 읽히기 시작했습니다.

SNS에서 소비되는 것, 나 자신

오늘날 우리는 보드리야르가 말한 "기호의 소비"를 그 어느 때보다도 분명히 체험하며 살아갑니다. 쇼핑몰에서 물건을 살 때만이 아니라, 인스타그램에 사진을 올리고, 유튜브에서 좋아요를 누르고, 팔로워 수를 확인하는 순간에도 우리는 소비 행위를 합니다. 여기서 소비되는 대상은 물건이 아니라 정체성과 이미지입니다.

명품 가방은 단순한 가죽 제품이 아니라 '나는 이런 삶을 사는 사람'이라는 신호가 되고, 특정 카페의 감각적인 사진은 '세련된 라이프스타일'의 기호가 됩니다. 심지어 '좋아요'와 '구독자 수'는 개인의 사회적 가치와 매력을 측정하는 일종의 화폐처럼 기능합니다. 보드리야르의 분석을 빌리자면, 우리는 더 이상 필요에 따라 소비하지 않습니다. 우리는 욕망을 기호로 바꿔, 그것을 통해 자신을 설명하고 다른 이들에게 인정받으려 합니다.

이렇듯 디지털 사회는 보드리야르가 지적했던 '기호의 경제학'을 극적으로 확장시켰습니다. 예전에는 광고와 텔레비전이 욕망을 설계했다면, 이제는 알고리즘이 우리의 클릭과 관심을 수집해 새로운 욕망을 끊임없이 생산합니다. 그 과정에서 소비는 물건의 문제를 넘어, '내가 누구인가'를 증명하는 싸움이 됩니다. 보드리야르의 사상은 오늘 우리가 매일 스마트폰 화면 속에서 경험하는 욕망과 불안을 해석하는 효과적인 언어일 수 있습니다.

종교 질서와 철학이 충돌하다

Part 3 신과 철학

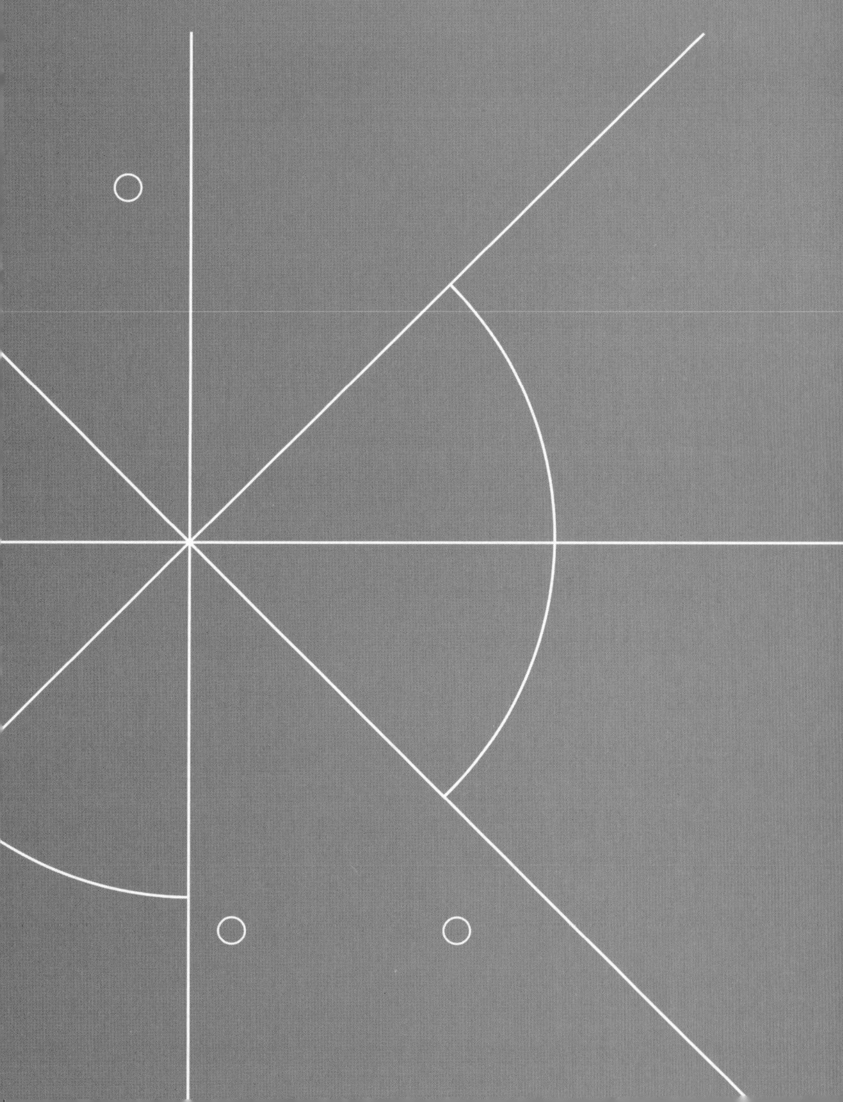

—

　오랫동안 인류는 신앙으로 세상을 해석했습니다. '왜 세계가 이렇게 만들어졌는가?', '어떻게 살아야 하는가?'라는 질문에는 교회와 성경의 권위만이 대답할 수 있다고 믿어 왔습니다.

　그러나 16세기 이후 이 질서에 균열이 생기기 시작합니다. 루터의 종교개혁은 교회의 해석 독점을 흔들었고, 갈릴레오와 뉴턴의 과학혁명은 우주를 더 이상 신의 의지가 아니라 자연법칙의 체계로 설명하기 시작했습니다. 진리의 자리가 흔들리자, 철학자들은 신의 권위가 더 이상 유일하고 절대적인 기준이 되지 않음을 인식했고, 그렇다면 세계는 무엇 위에 세울 수 있을지를 묻게 됩니다.

　데카르트는 신이 아닌 생각하는 인간 자신을 출발점으로 삼았습니다. "나는 생각한다, 고로 존재한다."라는 문장은 확실성의 근거를 하늘이 아니라 인간 안에서 찾겠다는 도발적인 선언이었습니다.

스피노자는 신을 폐기하지도, 인간으로 대체하지도 않았습니다. 대신 신을 인간의 기도에 응답하는 인격적 존재가 아니라, 세계 전체를 관통하는 필연적 질서로 설명했죠. 신의 이름으로 내려오던 권위를 해체한 것입니다.

그리고 19세기, 니체는 한 걸음 더 나아가 말했습니다. "신은 죽었다." 이 말은 종교의 쇠퇴를 넘어서, 우리를 지탱해 주던 가치의 근거가 더 이상 작동하지 않는다는 선언이었습니다. 이제 가치를 스스로 만들어야 하는 시대가 시작된 것입니다.

이 흐름은 인간을 둘러싼 세계관 전체가 전환되는 과정을 보여 줍니다. 신 중심 질서에서 인간 중심 질서로, 그리고 그마저 무너지는 허무의 시대까지. 더 이상 외부에서 보증해 주는 기준은 없고, 가치는 스스로 만들어야 하는 과제가 됩니다.

그 과정에서 철학은 종교·과학·정치와 얽히며 새로운 삶의 기준을 제시하거나, 기존 기준을 무너뜨렸습니다. 이 과정을 따라가 보면, 철학은 단지 사유의 역사가 아니라 질서의 이동 기록임을 알 수 있습니다. 종교의 권위를 해체했고, 과학의 언어로 세계를 재구성했으며, 마침내 가치의 공백 앞에서 인간을 홀로 서게 만들었습니다.

오늘날 우리는 더 이상 교회의 권위에 의존하지 않습니다. 하지만 여전히 질문은 남아 있죠. 무엇을 믿고 살아야 하는지, 그 가치는 어디에서 나오는 것인지. 지금부터 이 질문이 어떻게 시작되었고, 어떤 답들이 시도되었으며, 그 답이 어떻게 다시 무너져 다시 질문으로 돌아왔는지를 따라가 보려 합니다. 신에서 인간으로, 인간에서 허무로 넘어가는 길목에서, 철학은 우리에게 어떤 가능성과 어떤 공백을 남겼는지 살펴보겠습니다.

1. 종교개혁과 데카르트
: 신 아닌 인간에서 확실성을 찾다

"나는 생각하는 한,
반드시 존재한다는 사실만큼은 의심할 수 없다."
—르네 데카르트, 『성찰』

무엇을
믿을 수 있는가

우리는 하루에도 수십 개의 뉴스와 정보를 접합니다. 그런데 그중 무엇이 진짜인지 알기란 쉽지 않습니다. 가짜 뉴스, 조작된 이미지, 인공지능이 만든 글과 영상까지 넘쳐 나는 시대에, '나는 무엇을 믿어야 하는가'라는 질문은 점점 더 무겁게 다가옵니다.

17세기의 유럽도 비슷한 혼란을 겪고 있었습니다. 종교개혁으로 하나의 진리는 더 이상 존재하지 않았습니다. 가톨릭과 개신교는 서로를 이단이라고 부르며 충돌했고, 종교전쟁은 대륙을 피로 물들였습니다. 신의 이름으로 정의되던 세계는 하나의 기준을 잃었고, 사람들은 진리에 대한 확신과 권위를 동시에 상실했습니다. '무엇을 믿어야 하는가'라는 질문은 신학적 논쟁이 아니라 삶의 안정과 사회의 질서를 가르는 문제였습니다.

데카르트는 바로 이 지점에서 출발했습니다. 교회와 전통의 권위가 무너진 자리에서, 확실성을 다시 세워야 한다는 과제가 주어졌습니다. 그가 택한 방법은 신의 계시를 다시 확인하는 것이 아니었습니다. 대신, 인간 스스로의 이성을 출발점으로 삼아 흔들리지 않는 진리를 세우려 했습니다.

종교의 권위가 흔들리고
진리의 기준이 무너지다

16세기 종교개혁은 교회의 부패와 중세적 권위 질서의 균열에서 비롯되었습니다. 교황청은 면죄부를 팔아 돈으로 죄를 사해 준다고 했고, 성직자들은 권력과 사치에 빠져 있었습니다. 동시에 르네상스 인문주의가 성경을 원전으로 읽고 해석하려는 흐름을 만들어 냈고, 인쇄술의 발달은 새로운 사상을 빠르게 확산시켰습니다.

이런 상황에서 루터의 비판은 거대한 불씨가 되었고, 유럽 전역에 걸쳐 교회의 권위와 진리의 근거를 다시 묻는 개혁운동으로 번져 나갔습니다. 이 개혁운동은 단순히 교회의 부패를 고치자는 걸 넘어서, 유럽의 정신적 토대를 흔들어 버리는 대격변이 됩니다.

문제는 교회의 권위가 무너진 자리에 새로운 기준이 바로 세워지지 않았다는 것입니다. 오히려 진리의 기준은 더 혼란스러워졌습니다. 가톨릭은 여전히 자신들이 유일한 진리라 주장했고, 개신교는 성경을 각자 해석하며 서로 다른 교리를 세웠습니다. 신앙은 더 이상 하나의 통일된 목소리가 아니라, 각 주장들이 맞서는 전쟁터가 되었습니다. '무엇이 진리인가?'라는 질문은 신학적 논쟁을 넘어, 유럽인의 일상적 삶을 뒤흔드는 문제가 되었습니다.

이 신앙 분열은 전쟁으로 이어졌습니다. 독일 농민전쟁에서는 종교개혁의 언어가 삶의 봉기로 이어졌고, 프랑스에서는 가톨릭과 위그노(개신교도) 사이의 내전이 수십 년간 이어졌으며 네덜란드에서는 스페인의 가톨릭 지배에 맞서 독립

전쟁이 벌어졌습니다. 절정은 30년 전쟁이었습니다. 신성로마제국 전역을 휩쓴 이 전쟁은 일부 지역 인구의 3분의 1을 사라지게 만들 정도로 참혹했습니다.

마을은 불타고, 이웃은 이웃을 "너는 이단이다."라며 죽였습니다. 신앙이라는 이름이 인간을 살리는 것이 아니라, 서로를 베는 칼이 되어 버린 시대에서 사람들은 절망적으로 물을 수밖에 없었습니다. 진리는 도대체 어디에 있고, 인간이 의지할 수 있는 확실한 근거란 무엇인지를요.

이 물음은 단지 신학자들만의 문제가 아니었습니다. 일상에서, 법정에서, 정치와 사회의 모든 영역에서 사람들은 흔들리고 있었습니다. 더 이상 신앙만으로는 세계를 설명할 수 없었고, 권위는 신뢰를 잃었으며, 진리의 자리는 텅 비어 있었습니다. 바로 그 공백 위에, 데카르트가 새로운 답을 제시하려 했던 것입니다.

의심에서 태어난 확실성

종교개혁과 전쟁의 소용돌이 속에서 데카르트는 느꼈습니다.

더 이상 무엇도 확실하지 않다.

한때 누구나 의지했던 교회의 진리는 흔들렸고, 전통의 권위는 설득력을 잃었습니다. 믿음의 중심이 무너진 자리에는 공백과 혼란만 남았습니다.

그렇다면 이 공백 위에서 무엇을 다시 기반으로 삼을 수 있을까?

데카르트는 바로 이 질문에서 출발했습니다. 그가 선택한 방법은 철저한 '회의'였습니다. 그는 『성찰』에서 이렇게 선언했습니다.

의심할 수 있는 것은 모두 의심하자.

감각은 속일 수 있고, 전통은 틀릴 수 있으며, 심지어 수학적 진리조차 의심할 수 있다고 가정했습니다. 모든 것을 의심의 대상으로 삼은 끝에, 단 하나만은 부정할 수 없다는 사실을 발견했습니다. 바로 '의심하고 있는 나 자신'이었습니다.

나는 생각한다, 고로 존재한다(Cogito, ergo sum).

이 문장은 단순한 말장난이 아니라, 진리의 기준을 신에서 인간 이성으로 옮기는 거대한 도약이었습니다. 데카르트에게 확실성은 더 이상 신앙의 외부에서 주어지는 것이 아니라, 사유하는 주체 내부에서 출발하는 것이었습니다.

그는 이 새로운 출발점 위에 다시 세계를 이해하는 토대를 세우고자 했습니다. 신앙의 권위에 기댄 중세적 질서 대신, 이성에 기반한 확실성 위에서 과학·정치·사회가 다시 설계될 수 있다는 확신이 그의 철학을 이끌었습니다.

데카르트의 선언은 두 가지의 상징적 의미를 가집니다. 하나는 보호막이 사라진 시대, 인간이 스스로 세계를 감당해야 한다는 고독의 탄생이고, 다른 하나는 더 이상 수동적 존재에 머물지 않고 세계를 이해하고 바꿀 수 있다는 주체의 해방입니다.

그 이후의 철학과 과학, 심지어 우리가 오늘 '합리성'이라 부르는 사고방식의 대부분이 바로 이 지점, 의심에서 출발한 확실성 위에서 다시 쓰이기 시작했습니다.

신에서 인간으로, 주체의 탄생

데카르트의 선언은 철학 내부의 사건에 그치지 않았습니다. 이 선언은 유럽 사회 전체에 '인간은 스스로 사유하는 주체'라는 새로운 인간상을 탄생시킨 계기였습니다.

중세까지 인간은 신의 질서 안에 위치한 피조물로 이해되었습니다. 삶의 의미와 진리는 바깥에서 주어지는 것이라 여겨졌고, 인간은 그 틀 속에서 순응하는 존재였습니다. 그러나 데카르트 이후 판이 바뀌었습니다. 세계의 중심에 선 것은 더 이상 신이 아니라, 사유하는 인간 자신이었습니다.

이 전환은 여러 영역을 동시에 흔들었습니다. 과학에서는 인간의 이성이 새로운 기준이 되었습니다. 갈릴레오는 망

원경으로 하늘을 관측하며 하늘의 움직임은 교리가 아니라 관찰이 말해 준다고 선언했습니다. 뉴턴 역시 자연을 기적으로 설명하는 대신, 인간의 이성이 이해 가능한 수학적 법칙 위에서 재구성했습니다.

정치에서도 변화가 컸습니다. 권력은 신에게서 유래한다는 믿음 대신, 인간이 이성적 합의를 통해 질서를 만든다는 발상이 들어섰습니다. 우리가 앞서 다룬 홉스와 로크의 『사회계약론』도 이 발상의 영향을 받은 것이기도 합니다. 이 사고는 결국 입헌주의와 민주주의로 이어졌습니다. 왕권이 아니라 시민의 합의가 국가를 정당화하는 시대가 열린 것입니다.

예술과 문학에서도 주체가 전면으로 올라왔습니다. 중세 미술이 신의 영광을 상징화했다면, 근대의 초상화와 사실주의는 개인의 존재 자체를 기록할 가치가 있는 것으로 선언했습니다. 문학 또한 신의 섭리 대신 인간 내면의 욕망과 고뇌를 탐구하기 시작했습니다.

말하자면 데카르트의 한 문장은, 유럽의 지성사 전체를 신 중심 질서에서 인간 중심 질서로 밀어 올린 거대한 지렛대였습니다. 인간 이성의 힘으로 세계를 이해하고 재구성할 수 있다는 대담한 신념이 유럽 전역에 뿌리내린 계기였습니다. 새로운 과학혁명의 기초였고, 근대 민주주의의 토대였으며, 오늘날 우리가 개인과 합리성을 당연하게 여길 수 있는 바탕이 되었습니다.

그러나 이 전환은 해방만을 남기지 않았습니다. 인간이 모든 것을 스스로 책임져야 하는 고독한 존재가 된 것입니다. 신이 사라진 자리에 남은 것은 자유와 함께 찾아온 불안이었습니다. 그래서 데카르트의 철학은 오늘날까지도 양면성을 지닌 유산으로 남아 있습니다.

합리적
개인의 힘

데카르트가 열어젖힌 "나는 생각한다, 고로 존재한다."라는 선언은 근대사회를 움직이는 인간상을 만들어 냈습니다. 개인이 스스로 사고할 수 있다는 믿음은 곧 자율성과 책임의 토대가 되었고, 우리는 더 이상 외부 권위나 전통만을 따라 살지 않아도 된다는 확신을 갖게 되었습니다.

이 전환 덕분에 과학은 신비와 미신에서 벗어나 합리적

탐구의 길을 걷게 되었고, 정치에서는 민주주의와 시민권이 싹틀 수 있었습니다. 오늘날 우리가 내 의견을 말할 권리, 내 삶을 선택할 권리 등을 당연하게 생각하는 것도 모두 이 '사유하는 합리적 개인'이라는 개념 덕분입니다.

이 유산은 지금도 일상의 곳곳에서 작동합니다. 직장에서 자신의 목소리를 내는 일, 불공정한 제도에 문제를 제기하는 일, 나만의 삶의 방식을 선택하는 일은 모두 생각하는 주체가 되었기에 가능한 일입니다. 데카르트의 전환은 우리가 신앙으로의 의존 없이도 스스로 삶의 주인이 될 수 있다는 믿음을 세상에 심어 놓은 사건이었던 셈입니다.

2. 계몽주의와 스피노자
: 신을 자연으로 바꾸다

"신은 어떤 목적을 위해 행동하지 않는다."
―바뤼흐 스피노자, 『에티카』

신은 멀어지고,
확실성은 필요해졌다

우리는 하루에도 수십 개의 정보와 판단을 마주합니다. 뉴스는 서로 다른 말을 하고, 알고리즘은 각자에게 다른 세계를 보여 줍니다. 이런 상황에서 도대체 무엇이 기준이 될 수 있을까요?

불과 몇 세기 전까지만 해도 이 질문의 답은 비교적 단순했습니다. 세계의 기준은 신이었고, 옳고 그름은 종교적 질서 안에서 정의되었습니다. 도덕은 계시에서 내려왔고, 질서는 초월적 권위에 의해 정당화되었습니다. 그러나 지금 우리는 더 이상 그 자리에 서 있지 않습니다. 신은 멀어졌고, 단 하나의 진리나 도덕은 더 이상 모두를 설득하지 못합니다. 그 자리에 남은 것은 자유와 함께 찾아온 불안뿐입니다.

그런데 사람들은 기준을 그리고 확실성을 원합니다. 그래서 더 강한 신념에 매달리고, 더 단순한 설명을 찾고, 때로는 적을 만들어 스스로의 위치를 확인하려 합니다. 확신이 무너진 시대일수록, 확신에 대한 갈망은 더 커집니다.

그럼 신이 더 이상 절대적인 기준이 되지 않는다면, 도덕과 질서, 옳고 그름은 어디에 기대어 세울 수 있을까요? 이 질문은 이미 17세기 유럽, 종교의 권위가 흔들리고 진리가 분열되던 시대에도 제기되었습니다.

그리고 그 질문을 급진적인 방식으로 붙잡았던 철학자가 있었습니다. 그는 신을 부정하지 않았지만, 신의 자리를 완전히 바꾸어 놓았습니다. 종교와 철학의 충돌을 피하지 않으면서도, 그 대립을 새로운 질서로 재구성하려 했던 사람. 바로 스피노자였습니다.

종교 분열 이후,
공통의 기준은 어떻게 사라졌는가

16세기 종교개혁 이후, 유럽 사회는 더 이상 하나의 종교적 기준 위에 서 있지 않게 되었습니다. 가톨릭교회의 권위에 대한 비판은 개혁으로 이어졌지만, 그 결과는 통합이 아니라 분열이었습니다. 가톨릭과 여러 개신교 교단은 각자 자신이 정통이라고 주장했지만, 그 주장들 사이를 중재해 줄 최종 기준은 존재하지 않았습니다.

이 분열은 곧 정치와 결합했습니다. 종교적 입장은 개인의 신앙을 넘어, 어느 편에 서 있는가를 가르는 정치적 표지가 되었습니다. 프랑스에서는 가톨릭과 위그노 사이의 종교전쟁이 반복되었고, 신성로마제국 지역에서는 30년 전쟁이 벌어졌습니다. 이 전쟁들이 남긴 가장 분명한 사실은 하나였습니다. 신의 이름은 더 이상 사회를 하나로 묶는 언어가 아니라, 갈라놓는 언어로 사용될 수 있다는 점이었습니다.

이 시대의 사람들은 묘한 상태에 놓여 있었습니다. 신앙은 여전히 삶의 중요한 축이었지만, 신앙만으로 사회를 운영할 수는 없게 된 것입니다. 어느 신의 해석을 기준으로 삼느냐에 따라, 그 기준이 곧 정치적 선택이 되었고, 때로는 생존의 문제가 되었습니다. 그래서 문제는 '신이 존재하는가'가 아니었습니다. 대부분의 사람은 여전히 신을 믿었습니다. 진짜 문제는 '서로 다른 신을 믿는 사람들이, 무엇을 공통의 기준으로 삼아 함께 살아갈 수 있는가'였습니다.

신앙을 버리자는 요구가 아니라, 신앙이 분열된 상태에서도 작동할 수 있는 설명 방식이 필요했던 것이죠. 종교적 확신이 갈라진 사회에서, 신의 이름만으로는 더 이상 질서와 도덕을 안정적으로 설명할 수 없다는 사실이 여러 전쟁을 통해 점점 분명해졌기 때문입니다.

신의 이름이
폭력이 될 때

스피노자는 신의 이름이 인간의 손에서 공포와 미신, 증오와 폭력의 도구가 되는 것을 목격했죠. 사람들은 신의 뜻을 말하지만, 실제로는 누군가가 그 뜻을 독점해 타인을 재단합니다. 그렇게 되면 종교는 위로가 아니라 통치의 장치가 되고, 도덕은 성찰이 아니라 정죄가 됩니다.

스피노자가 보기에 문제의 핵심은 그곳에 있었습니다. 신에 대한 해석이 인간에게 종속되는 순간, 신은 절대적인 기준이 아니라 권력을 정당화하는 언어로 변합니다. 신의 이름이 너무 쉽게 정치와 결합하고, 폭력의 근거로 호출되는 이유도 바로 여기에 있었습니다.

하지만 스피노자가 하려던 일이 신을 폐기하는 것은 아니었습니다. 그는 종교를 공격하려 하지 않았고, 신을 부정하려 하지도 않았습니다. 그저 신을 인간의 소유물로 만들지 못하게 하는 방향으로, 종교 개념 자체를 다시 사유하려 했습니다. 신학과 철학이 뒤섞여 서로를 억압하는 상태를 경계하고, 사유할 자유가 공존의 조건임을 주장한 이유도 여기에 있습니다.

스피노자의 철학은 세계를 멋지게 설명하려는 이론이기 전에, 신의 이름으로 사회가 분열하고 파괴되는 흐름을 다른 방향으로 틀기 위한 지적 개입이었습니다.

신앙을 버리지 않으면서도, 신이 폭력의 근거가 되지 않게 하려면 어떻게 해야 하는가.

이 질문 앞에서 스피노자는 급진적인 답을 꺼내 듭니다. 그가 제안한 답, 즉 '신은 곧 자연'이라는 재정의는 바로 이 문제의식 위에서 등장합니다.

신은 곧
자연이다

뒤에서 살펴볼 니체가 신을 죽였다면 스피노자는 신을 바꿨습니다. 스피노자의 철학이 위험하게 느껴졌던 이유는 그가 신을 부정했기 때문이 아니라, 신을 전혀 다른 방식으로 정의했다는 데 있었습니다. 스피노자는 『에티카』에서 다음과 같은 유명한 표현을 사용합니다.

신, 즉 자연(Deus sive Natura).

스피노자는 신을 자연과 동일시하면서도 단순히 자연을 신격화한 것은 아니었습니다. 그가 말한 신은 인간의 감정에 반응하는 인격적 존재가 아니라, 세계 전체를 관통하는 필연적 질서 그 자체였습니다.

　기존의 신 개념에서 신은 의지를 가지고 판단하며, 상벌을 내리고, 기적을 일으키는 존재였습니다. 인간의 행위는 신의 뜻에 따라 평가되었고, 도덕과 질서는 초월적 명령에 의해 정당화되었습니다. 그러나 스피노자에게서 신은 그런 의미의 주체가 아닙니다. 신은 세계 바깥에서 개입하는 존재가 아니라, 세계 안에서 모든 것을 필연적으로 산출하는 원리입니다. 자연이 신이고, 신이 자연인 것입니다.

　이렇게 되면 세계를 이해하는 방식도 달라집니다. 더 이상 어떤 사건을 신의 뜻이나 기적으로 설명할 수 없습니다. 모든 것은 원인과 결과의 연쇄 속에서 발생합니다. 인간의 감정과 행동, 사회의 갈등과 폭력조차도 우연이나 도덕적 타락이 아니라, 자연의 법칙 속에서 이해해야 할 현상이 됩니다. 스피노자는 세계를 도덕적으로 재단하기보다, 인과적으로 설명하려 했습니다.

　신이 자연이라는 주장이 왜 이렇게 급진적이었던 걸까요? 이 주장은 신을 부정하지 않으면서도, 신의 이름으로 내려오던 해석의 권위를 해체했기 때문입니다. 만약 신이 자연의 필연적 질서라면, 특정 교단이나 성직자가 신의 뜻을 독점적으로 해석할 근거는 사라집니다. 신의 이름으로 누군가를 이단이라 규정하거나, 폭력을 정당화하는 일 역시 설 자리를 잃게 됩니다. 신은 더 이상 명령하는 목소리가 아니라, 이해해야 할 구조가 됩니다.

그래서 스피노자의 사유는 종교적 권위가 작동하는 방식 자체를 바꾸는 시도가 됩니다. 신을 자연의 질서로 재정의함으로써, 믿음을 버리지 않으면서도, 폭력이 되지 않게 만드는 조건을 탐색한 것입니다.

이 때문에 스피노자는 무신론자로 낙인찍히기도 했지만, 이는 정확한 평가라고 보기는 어렵습니다. 그는 신을 부정하지 않았습니다. 다만 신을 인간의 감정과 권력관계에서 떼어내어, 세계 전체의 필연성으로 옮겨 놓았습니다. 바로 그 점에서 그의 철학은 종교적이면서도 철저히 비신학적인 거죠.

스피노자가 강조하고 싶던 것은 신앙의 폐기가 아니라, 신을 둘러싼 해석 권력의 이동이었습니다. 그리고 이 이동은 이후 도덕, 자유, 정치에 대한 전혀 다른 질문들을 가능하게 만들었습니다.

스피노자의
유산

스피노자의 사상은 생전에 환영받지 못했습니다. 그러나 그가 종교적·정치적 폭력의 조건을 해체하는 논리는 이후 근대사회의 핵심 원리로 자리 잡게 됩니다.

스피노자의 메시지는 분명합니다. 근대적 공존의 조건은 신을 버리는 데서 오지 않습니다. 오히려 신을 인간의 감정과 권력의 도구로부터 분리해, 자연의 질서로 재정의하는 데서 출발합니다. 그렇게 할 때 신앙은 폭력이 되지 않고, 정치도 도덕적 적대를 필요로 하지 않게 됩니다.

그는 인간에게 완전한 자유의지를 약속하지도, 도덕적 순결을 요구하지도 않았습니다. 대신 인간이 어떤 조건에서 흔들리고, 어떤 이해를 통해 더 안정된 삶으로 나아갈 수 있는지를 분석했습니다. 서로 다른 믿음과 이해가 충돌하지 않고 공존할 수 있게 만드는 사고의 방식을 남겼죠.

오늘 우리가 표현의 자유, 양심의 자유, 세속 국가를 당연한 전제로 말할 수 있는 건, 그 배경에는 신을 제거하지 않고도 폭력을 줄일 수 있다는 이 조용한 사유의 전환이 있기 때문입니다. 스피노자는 신을 재정의함으로써, 근대사회가 숨 쉴 수 있는 공간을 마련한 철학자였습니다.

우리는 더 이상 종교전쟁의 시대를 살고 있지 않지만 확신의 전쟁은 끝나지 않았습니다. 어쩌면 구체적 양상만 다르지 역사는 거의 계속 반복되고 있는 듯합니다. 정치적 입장, 젠더 이슈, 세대 갈등, 이념의 대립 속에서 사람들은 여전히 '내가 옳다'는 확신으로 서로를 규정하고 배제합니다. 상황만 바뀌었을 뿐, 구조는 낯설지 않습니다. 과거에는 신의 이름으로 싸웠다면, 지금은 정의·상식·도덕 등의 언어로 싸웁니다.

각자는 자신의 신념을 근거로 상대를 판단하고, 상대의 입장을 오류나 악의 결과로 해석합니다. 대화는 설득이 아니라 폭로가 되고, 토론은 공존의 기술이 아니라 승패를 가르는 전장이 됩니다. 우리는 상대의 말을 이해하려 하기보다, 상대가 왜 틀렸는지를 증명하는 데 더 많은 에너지를 씁니다.

스피노자는 상대의 악을 증명하는 데서 윤리를 시작하지 않았습니다. 대신 왜 그런 감정이 생겼는지, 어떤 조건이 그 확신을 강화했는지, 어떤 두려움과 이해 부족이 그 신념을 지탱하고 있는지를 묻죠. 그의 관심은 '누가 옳은가'가 아니라, '어떤 구조가 사람들을 그 자리에 서게 만들었는가'에 있었습니다.

스피노자에게 확신은 언제나 의심의 대상이었습니다. 그에 따르면 확신이 어디에서 비롯되었는지를 묻지 않는 태도가 문제였습니다. 이해되지 않은 확신은 쉽게 분노와 혐오로 굳어지고, 타인을 적으로 만들며, 결국 자신을 더 수동적인 상태로 몰아넣습니다. 스피노자는 이를 이해의 결핍이 낳은 필연적 결과로 보았습니다.

그래서 스피노자가 제안한 태도는 관대함이나 중립이 아닙니다. 그는 '상대의 말을 다 존중하라'고 말하지도 않았고, '갈등을 피하라'고 조언하지도 않았습니다. 대신 판단의 방식을 바꾸라고 요구했습니다. 신념으로 재단하기 전에, 이해의 조건을 먼저 살피라는 것입니다. 이해는 상대를 용서하기 위한 장치가 아니라, 자신이 예속되지 않기 위한 조건입니다.

이 관점에서 보면, 오늘날의 많은 논쟁은 자유의 싸움처럼 보이지만 실은 예속의 경쟁에 가깝습니다. 알고리즘이 강화한 분노, 집단 정체성이 키운 확신, 즉각적인 반응을 요구하는 여론 속에서 우리는 스스로 선택한다고 느끼지만, 실제로는 감정과 구조에 의해 밀려다니는 경우가 많습니다.

어떻게 나의 확신을 설명해 볼 수 있을까요? 무엇이 나를 이렇게 믿게 만들었는지, 어떤 조건이 이 판단을 강화했는지, 이 확신이 나를 더 능동적인 존재로 만드는지, 아니면 더 쉽게 반응하는 존재로 만드는지를 물어보면 됩니다. 스피노자의 철학은 우리가 덜 폭력적으로, 덜 예속된 상태로 사유할 수 있는 최소한의 조건을 제시합니다.

스피노자는 우리에게 다음과 같은 질문을 남깁니다. 나는 지금 신념으로 판단하고 있는가, 아니면 이해로 판단하고 있는가. 내 확신은 나를 더 능동적인 존재로 만드는가, 아니면 또 다른 방식의 예속으로 이끌고 있는가.

3. 세속화의 시대와 니체
: "신은 죽었다"

"가치를 창조하는 자만이 의미를 부여할 수 있다."
— 프리드리히 니체, 『차라투스트라는 이렇게 말했다』

신 없는 시대,
우리는 무엇을 붙잡는가

니체가 "신은 죽었다"고 선언했을 때, 이건 단지 종교 비판이 아니었습니다. 중세 이후 수백 년간 인간을 묶어 두던 절대적 기준인 신앙, 교회, 전통적 도덕이 더 이상 설득력을 갖지 못한다는 진단이었습니다. 그렇다면 그 자리엔 공허가 남습니다. 기준이 사라진 자리에서 사람들은 스스로 삶의 이유와 가치를 만들어야 하는 시대에 내던져졌습니다.

이 상황은 19세기만의 일이 아닙니다. 오늘 우리는 종교 대신 과학, 국가 대신 시장, 윤리 대신 알고리즘을 참고하지만, 어느 것도 절대적인 기준이 되지 못합니다. 뉴스는 서로 다른 관점을 말하고, 규범은 빠르게 바뀌며, '모두가 옳다'는 말이 동시에 '아무것도 확실하지 않다'는 말이 되었습니다. 자유는 커졌지만, 책임도 온전히 개인에게 돌아왔습니다. '각자 알아서 살아야' 하는 시대에서, 사람들은 끊임없이 되묻습니다.

'내가 선택한 삶은 올바른가?'

'어떤 기준으로 옳고 그름을 판단해야 하는가?'

'아무도 대신 보증해 주지 않는 세계에서 어떻게 살 것인가?'

니체가 진단했던 가치 붕괴와 허무의 감각은 지금 우리의 불안과 거의 겹쳐집니다. 오늘날 우리가 겪는 혼란은 새로운 것이 아니라, 니체가 이미 미리 목격했던 가치 상실이 반복되고 있는 것입니다.

19세기 유럽,
신이 사라진 자리의 혼란

19세기 유럽은 진보와 균열이 동시에 자라고 있던 시기였습니다. 산업혁명은 증기기관과 철도로 도시를 폭발적으로 성장시켰고, 공장 굴뚝은 밤낮없이 연기를 뿜어냈습니다. 사람들은 전례 없는 속도로 이동하고 생산하고 소비했습니다. 과학 역시 뉴턴의 역학에서 다윈의 진화론으로 이어지며, 더 이상 세상을 신의 뜻으로 설명할 필요가 없다는 확신을 제공했습니다. 신학 대신 과학, 계시 대신 합리가 새로운 언어가 된 시대였습니다.

하지만 진보의 속도가 빨라질수록 그늘도 짙어졌습니다. 산업화가 가져온 도시 빈민층의 삶은 극도로 열악했고, 전통적 공동체는 무너졌고, 사람들은 익명의 도시 군중 속에서 고립감을 느꼈습니다. 사회는 풍요로웠지만 방향 감각을 잃어버린 듯했습니다.

정치의 격동은 혼란을 더 키웠습니다. 프랑스 혁명이 내건 자유·평등·주권의 이상은 유럽 전역으로 확산됐지만, 혁명과 반혁명이 수시로 교차했습니다. 독일과 이탈리아는 전쟁과 변동을 거듭했고, 제국주의 경쟁은 유럽 열강을 식민지 쟁탈전에 몰아넣었습니다. 사람들은 전통 종교의 권위도, 공동체가 주던 안정감도 잃은 채 무엇을 믿어야 하냐는 질문 앞에 섰습니다.

과학과 합리주의가 교회를 밀어낸 자리는 곧바로 새로운 확실성으로 채워지지 못했습니다. 사람들은 공백을 견디지 못해 익숙한 권위에 여전히 매달렸습니다. 겉으로는 교회 의례가 유지되었지만 그것은 살아 있는 신앙이라기보다 습관에 가까웠습니다. 니체가 보기에 이건 죽은 신의 그림자에 기대는 행위였죠.

신의 자리를 대신한 것은 세속적 우상들이었습니다. 국가는 조국을 위해 희생하라는 이름으로 새로운 도덕을 주입했고, 대중의 여론은 집단의 목소리로 개인의 사고를 압박했습니다. 물질주의가 더해지며, 돈과 소유는 삶의 최종 목표가 되었습니다. 니체가 "신은 죽었다"고 말한 것은 종교를 부정한다는 뜻이 아니라, 신이 사라진 자리를 국가·군중·돈 같은 세속 권력이 점령했다는 현실을 폭로한 말이었습니다.

그의 선언은 거대한 맥락 위에 서 있습니다. 산업화가 삶을 재편한 시대, 과학이 세계를 다시 설명한 시대, 혁명과 국가주의가 인간의 충성 대상을 바꾼 시대, 전통적 신앙과 도덕이 효력을 잃은 시대. "신은 죽었다"는 니체의 말은 단순한 철학적 도발이 아니라, 19세기 유럽이라는 시대가 만든 총체적 위기를 압축한 진단이었습니다.

신의 빈자리를
직면하라

니체가 말하고자 했던 건 다음과 같습니다.

더 이상 신이 기준을 보증하던 시대는 끝났다, 우리는 더 이상 신이 보장해 주던 절대적 기준을 가질 수 없다, 그렇다면 우리는 가치의 공백, 허무주의라는 거대한 벼랑 앞에 서게 된다.

니체는 유럽이 이 공허를 직시하지 않고, 여전히 낡은 도덕과 집단적 가치에 안주하는 것을 가장 위험한 문제로 보았습니다. 그가 "신은 죽었다"고 선언한 목적은 사람들에게 현실을 깨닫게 하고, 그 위기를 정면으로 마주하게 만들기 위함이었습니다.

이 문제의식을 이어, 니체는 『차라투스트라는 이렇게 말했다』에서 더 적극적인 해답을 제시합니다. 신이 사라진 뒤에도 여전히 낡은 도덕과 군중의 가치에 매달려 사는 인간은 편안함과 안정을 추구하지만, 위대한 꿈도, 새로운 가치를 창조할 용기도 없는 존재라고 신랄하게 비판합니다. 나아가 그런 인간상으로는 새로운 시대를 맞이할 수 없다고 보았습니다.

이와 함께 그는 "초인(Übermensch)"의 개념을 제시합니다. 초인은 낡은 가치의 폐허 위에서 스스로 새로운 가치를 창조하며 살아가는 인간입니다. 초인은 신이 사라진 공백을 그냥 두지 않고, 스스로 새로운 가치를 창조하는 인간입니다. 그는 남들이 만들어 놓은 도덕이나 전통에 기대지 않고, 자신의 삶을 예술 작품처럼 창조합니다.

니체가 말한 초인의 삶에는 몇 가지 핵심적인 태도가 있습니다. 첫째, 초인은 군중을 따르지 않습니다. 다수가 옳다고 해서 그대로 따르는 것이 아니라, 홀로 서서 자신의 기준을 세웁니다.

둘째, 초인은 삶을 긍정합니다. 고통과 불행조차 삶의 일부로 받아들이며, 그것을 힘으로 전환합니다. 니체는 이를 "영원회귀"라는 사유 실험으로 설명했습니다. 설령 같은 삶이 무한히 반복된다고 해도, '나는 이 삶을 원한다'고 말할 수 있는 태도가 초인의 힘이라는 것입니다.

셋째, 초인은 새로운 가치를 만듭니다. 종교, 국가, 전통으로 형성한 도덕이 아니라, 살아가는 동안 세상과 부딪치며 스스로 세운 가치를 삶의 지침으로 삼습니다.

즉, 니체에게 초인은 허무를 직면하면서도 무너지지 않고 새로운 의미를 창조해 내는 인간이었습니다. 그는 사람들이 낡은 도덕에 안주하며 머무는 것, 즉 편안함과 안전만을 좇으며, 더 이상 새로운 것을 시도하지 않는 것을 경멸했습니다. 니체가 던진 메시지는 분명합니다.

신은 죽었다. 이제 그 빈자리를 당신이 채워야 한다.

이는 절망이 아니라, 인간이 스스로 자기 삶의 주인이 될 수 있다는 가장 급진적이고 짜릿한 초대였습니다.

사회와 사상을
뒤흔들다

니체의 사유는 당대 현실과 맞닿아 있었습니다. 그는 19세기 말 독일 사회에 퍼져 있던 집단주의와 국가주의, 다수가 옳다는 식의 도덕 감각을 날카롭게 의심했습니다. 그는 타인의 기준에 기대어 사는 인간이 아니라, 홀로 설 수 있는 인간이 필요하다고 보았습니다.

니체의 문제 제기는 이후 철학에도 깊은 흔적을 남겼습니다. 사르트르와 카뮈는 니체가 지적한 가치 붕괴 위에서 신 없는 세계에서 어떻게 살아야 하는지를 다시 묻습니다. 사르트르는 인간은 자유를 선고받았다고 말하며 니체의 초인을 책임의 문제로 전환했고, 푸코와 들뢰즈는 니체의 가치 창조라는 핵심 사유를 계승해 권력과 담론이 인간을 어떻게 규정하는지를 해부했습니다. 절대적 진리를 해체하고, 다양한 가치가 공존할 수 있다는 오늘의 철학적 풍토 역시 니체의 작업 위에서 자란 것입니다.

심리학과 문화비평 역시 그의 영향을 받았습니다. 프로이트 이후 심리학이 무의식을 탐구할 때, 그리고 문화비평이 대중 도덕과 소비사회를 문제 삼을 때, 니체가 지적했던 군중의 가치에 잠식된 인간이라는 통찰은 여전히 유효한 언어로 작동했습니다.

니체는 종교·도덕·정치·문화 전반에 깔린 전제를 흔들어 놓은 기점이었고, 이후 사유가 다른 방향으로 뻗어 갈 수 있게 만든 사상적 기폭제였습니다.

가치가 무너진 시대, 우리는 무엇을 세울 것인가

니체의 "신은 죽었다"는 선언은 19세기 유럽에만 해당되는 이야기가 아닙니다. 오늘 우리는 인공지능, 글로벌 미디어, 데이터 알고리즘 속에서 훨씬 더 많은 가치와 관점을 동시에 접합니다. 그만큼 무엇을 기준으로 살아야 하는지는 더 모호해졌습니다. 절대적인 옳고 그름은 사라졌고, 상대주의와 개인주의는 자유와 함께 방향 상실을 남겼습니다. 각자는 자기만의 진리를 좇고 있지만, 그만큼 고립과 불안도 깊어졌습니다.

바로 이 지점에서 니체의 문제 제기는 다시 힘을 갖습니다. 그는 낡은 도덕의 그늘 아래 숨어 살지 말고, 다수가 만든 가치에 몸을 기대지 말고, 스스로의 근거를 만들어야 한다고 말했습니다. 이 요청은 오늘날에도 그대로 이어집니다. 직장과 사회가 정해 준 정답을 따라 사는 대신, 나 자신의 기준을 세우고 그것을 삶의 방식으로 실천하는 일, 이것이 니체가 말한 가치 창조의 시작점입니다.

니체는 허무주의를 끝으로 보지 않았습니다. 오히려 출발선으로 보았죠. 기존의 가치가 무너진 자리는 위험인 동시에 가능성입니다. 아무것도 보장되지 않는 세계에서야말로, '나는 무엇을 위해 살 것인가'라는 질문이 비로소 진지해집니다. 그 질문에 답하려는 노력 자체가, 니체가 말한 초인의 길에 들어서는 첫걸음일지도 모릅니다.

과학이 세계관을 뒤흔들다

Part 4 자연과 철학

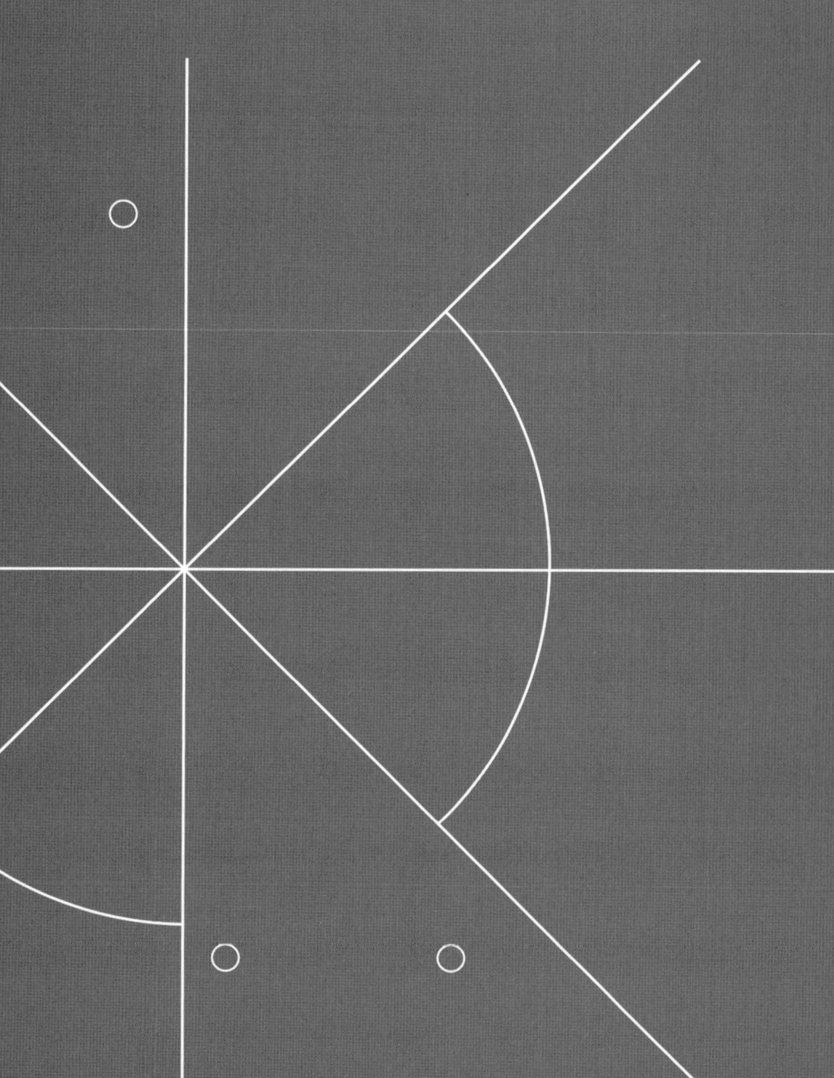

—

철학의 역사는 '세계는 무엇인가, 인간은 누구인가'라는 질문을 해 왔습니다. 그리고 이 질문을 격렬하게 흔든 자리에는 과학이 있었습니다. 과학은 인간이 자기 자신과 세계를 바라보는 관점을 근본부터 바꾸어 왔습니다.

코페르니쿠스가 지동설을 제시했던 건 천문학적 발견을 넘어 인간의 특권적 위치를 흔드는 사건이 되었고, 뉴턴이 만유인력의 법칙을 정립했을 때 세계는 신의 섭리 대신 수학과 법칙으로 설명되는 공간이 되었습니다. 다윈의 진화론은 인간의 기원을 신의 창조에서 자연의 산물로 재해석하게 만들었고, 아인슈타인과 양자 물리학자들의 이론은 시간과 공간, 물질과 현실 자체에 대한 철학적 토대를 다시 흔들었습니다.

이러한 과학의 도전과 성취 앞에서 철학은 과학이 연 새로운 세계관을 받아들이거나, 그로 인해 무너진 전통적 관념을 다시 점검하면서 '그렇다면 인간과 지식의 의미는 무엇인가?'라는 질문을 새롭게 쓰기 시작했습니다.

말하자면, 지성사는 철학과 과학이 서로를 시험하고 밀어붙이며 함께 만들어 온 거대한 대화의 기록입니다. 철학이 질문을 던지고, 과학은 그것을 증명하거나 깨뜨렸으며, 다시 철학이 그 결과를 해석해 왔습니다. 지금부터는 이 충돌과 재구성의 장면들을 따라가며, 과학이 어떻게 철학의 사유를 바꾸었는지, 그리고 철학이 그 충격을 어떻게 소화하며 새로운 사고의 지평을 열어 왔는지를 살펴보려 합니다.

1. 근대 과학의 탄생
: 지동설에서 뉴턴까지

"내가 더 멀리 보았다면
이는 거인들의 어깨 위에 서 있었기 때문이다."
— 아이작 뉴턴, 「로버트 훅에게 보낸 편지」

신의 뜻이 아닌
자연의 법칙으로 설명되는 세상

우리는 세상을 설명할 때 언제나 법칙을 떠올리곤 합니다. 사과가 떨어지면 중력 때문이고, 별이 움직이면 물리 법칙에 따른 궤도 때문이라고 생각합니다. 마치 세계가 본래부터 수학적이고 합리적인 법칙으로 짜여 있는 것처럼 당연하게 받아들이죠.

그러나 불과 몇 세기 전까지만 해도, 이런 사고방식은 급진적이고 위험한 발상이었습니다. 세상의 질서를 설명하는 기준은 신의 뜻이었고, 교회의 권위가 곧 진리였습니다. 법칙이 아니라 섭리, 실험이 아니라 성경 구절이 기준이던 시대에, '자연은 수학적 법칙으로 이해될 수 있다'는 생각은 곧 신앙과 권위를 무너뜨리는 혁명이었습니다.

도화선, 불길, 건축가

1543년, 코페르니쿠스는『천구의 회전에 관하여』에서 "지구는 우주의 중심이 아니라, 태양을 돈다"라는 폭탄 같은 주장을 던졌습니다. 그 한 문장은 마치 도화선에 불을 붙이는 순간 같았습니다. 오랫동안 '지구=중심, 인간=신의 선택을 받은 존재'라 여겨 온 세계관이 흔들리기 시작한 것이죠.

이 불씨는 갈릴레오에 의해 불길로 번졌습니다. 그는 망원경으로 목성의 위성을 직접 관측하며, 교회의 교리와 다른 사실을 눈으로 보여 주었습니다. 그 대가로 종교재판에 불려 갔지만, 감금된 상황에서도 "그래도 지구는 돈다"라는 한마디를 남겼습니다. 과학의 사실과 종교 권위가 정면으로 충돌한 순간이었습니다.

그리고 1687년, 뉴턴은 사과가 떨어지는 현상에서 달의 움직임까지를 만유인력의 법칙 하나로 설명해 냅니다. 우주를 정확한 수학 공식으로 움직이는 체계로 이해하기 시작한 것입니다. 코페르니쿠스가 도화선을 켜고, 갈릴레오가 불길을 키웠다면, 뉴턴은 마침내 우주의 새로운 질서를 설계한 건축가였습니다.

신에서 인간으로,
믿음에서 이성으로

코페르니쿠스와 갈릴레오, 뉴턴으로 이어진 과학혁명은 천문학이나 물리학의 발견에 그치지 않았습니다. 이건 '세상을 어떻게 이해할 것인가'라는 관점 자체를 갈아엎은 체제 전복에 가까운 사건이었습니다.

중세까지는 진리의 중심에 신이 있었습니다. 교회가 곧 우주의 해석자였고, 성경이 곧 자연의 설명서였습니다. 그러나 지동설과 만유인력의 법칙은 이 질서를 무너뜨렸습니다. 이제 인간은 더 이상 '신이 알려 주는 대로 믿는 존재'가 아니라, 자신의 눈으로 관찰하고, 머리로 계산하며, 스스로 진리를 찾아내는 존재가 된 것입니다.

데카르트와 베이컨은 이 변화를 철학적 언어로 정리했습니다. 데카르트는 "나는 생각한다, 고로 존재한다"라는 명제를 통해 인간 이성을 확실성의 근거로 세웠고, 베이컨은 경험과 실험을 통해 지식을 축적하는 과학적 방법론을 제시했습니다. 이들의 작업은 인류에게 세계가 이성과 수학으로 설명될 수 있다는 새로운 믿음을 심어 주었습니다.

계몽주의는 이 합리성과 경험주의 위에서 꽃피었고, 인간이 사회와 정치도 합리적으로 설계할 수 있다는 믿음은 근대 국가와 법 제도의 토대가 되었습니다. 신 중심의 세계에서 인간 중심, 법칙 중심의 세계로의 전환은 곧 근대사회의 초석이 되었던 것이죠.

합리성의 유산과 새로운 질문들

오늘날 우리는 세상을 합리적 법칙으로 설명하는 데 익

숙합니다. 의학은 질병을 신의 형벌이 아니라 세균과 바이러스의 작용으로 이해하고, 경제는 운이 아니라 수요와 공급의 원리로 설명합니다. 심지어 일상의 기술, 전등을 켜고, 비행기를 타고, 스마트폰을 사용하는 모든 순간 우리는 세계가 이성과 법칙으로 작동한다는 전제를 무의식적으로 받아들이며 살아갑니다. 이는 모두 근대 과학혁명이 남긴 중요한 유산입니다.

하지만 이 세계관은 완결된 것이 아니었습니다. 20세기에 들어서서 양자역학은 자연을 더 이상 예측 가능한 기계로 볼 수 없다고 말했습니다. 미시세계에서는 동일한 조건에서조차 결과가 달라질 수 있으며, 관측자가 개입하는 순간 세계가 달라질 수도 있다는 사실이 드러났습니다. 복잡계 과학은 단순한 요소들의 조합이 아닌, 상호작용과 비선형적 변화가 현실을 만든다는 것을 보여 주었습니다. 자연은 선형적 계산으로만 예측할 수 있는 구조가 아니었습니다.

이렇게 보면 과학혁명은 과거에 끝난 사건이 아니라 지금도 계속 현재진행형입니다. 우리는 여전히 세계를 이해하기 위해 법칙을 세우고, 그 법칙이 다시 깨지는 과정을 반복하고 있습니다.

2. 진화론과 다윈
: 목적 없는 자연 속 흔들리는 인간의 자리

"이 생명관에는 숭고함이 있다.
몇 개 혹은 하나의 형태에 처음 생명이 불어넣어졌고,
그로부터 무수한 형태들이 진화해 왔다는 관점에서 말이다."
— 찰스 다윈, 『종의 기원』

자연은
신의 설계도일까

다윈 이전의 서구 세계에서 자연은 우연의 집합이 아니라 신이 설계한 질서였고, 그 질서에는 목적과 위계가 있다고 여겨졌습니다. 별과 행성의 움직임, 계절의 반복, 생물의 형태와 기능은 모두 신의 뜻이 반영된 결과였습니다. 자연은 해석해야 할 대상이기보다, 이미 의미가 주어진 체계에 가까웠습니다.

이 세계관에서 중요한 두 가지 전제가 있었습니다. 첫째, 종은 고정되어 있다는 믿음입니다. 각 생물 종은 창조의 순간에 완성된 형태로 만들어졌고, 그 본질은 변하지 않는다고 여겨졌습니다. 자연사는 변화의 기록이 아니라, 신이 만든 질서를 분류하고 정리하는 작업에 가까웠습니다.

둘째, 인간은 그 질서의 정점에 위치한 존재라는 생각입니다. 인간이 자연을 이해하고 지배할 수 있다고 여겨진 것도, 이 예외성 덕분이었습니다. 자연은 인간을 위해 존재하고, 인간은 그 자연을 관리하는 책임을 부여받았다는 해석이 가능했습니다.

이런 세계관에서는 인간의 존엄 역시 비교적 안정적인 토대 위에 놓여 있었습니다. 인간의 가치는 신의 설계도 속에 이미 포함되어 있었고, 자연의 목적이 신에 의해 보장되는 한, 인간의 의미 역시 자연스럽게 확보되었습니다. 신이 흔들리지 않듯 신의 질서 내에 있는 인간의 가치도 흔들릴 필요가 없었죠.

문제는 이 세계관이 과학적 발견과 함께 점차 균열을 일으키기 시작했다는 점입니다. 다윈이 『종의 기원』을 발표한 19세기 중반의 유럽은, 과학과 산업이 세계를 재편하던 시기였습니다. 산업혁명 이후 자연은 더 이상 경외의 대상에 머물지 않았습니다. 자연은 관찰되고, 측정되며, 분석되는 대상으로 바뀌었고, 증기기관과 공장, 철도와 도시 확장은 세계는 인간의 이성으로 이해하고 통제할 수 있다는 확신을 키워 갔습니다.

이런 상황에서 등장한 다윈의 발견은 간신히 유지하고 있던 인간이 특별하다는 믿음을 정면으로 건드리는 사건이었죠. 만약 종이 고정되어 있지 않다면, 즉 인간이 다른 생물과 연속선상에 놓인 존재라면, 그동안 인간의 존엄을 지탱해 온 근거는 어디에 놓이게 될까요? 자연이 더 이상 설계도가 아니라 과정이라면, 인간의 의미는 무엇 위에 세워져야 할까요?

자연선택이라는 충격:
설계자 없는 질서

다윈은 생물들이 어디에서, 어떻게 달라지는지를 기록했습니다. 그 결과 자연은 놀라울 만큼 정교해 보이면서도, 동시에 매우 비효율적으로 보였습니다. 인간의 눈은 완벽한 설계라기보다는 여러 한계를 안고 있었고, 동물의 몸에는 우회적인 구조와 불필요해 보이는 흔적들이 남아 있었습니다. 다윈은 자연이 언제나 최적의 설계로 작동하지 않는다는 사실에 주목했습니다.

왜 자연은 이렇게 어설프고, 우회적이며, 임시방편적인 모습으로 남아 있을까?

다윈의 이 의문은 자연을 신의 설계도의 결과로 보는 관점과 점점 어긋나기 시작했습니다. 설계도라면 처음부터 완성된 형태가 나와야 하지만, 다윈이 관찰한 자연은 수정과 누적의 흔적으로 가득 차 있었던 거죠. 생물의 형태는 특정 목적을 향해 곧장 나아가는 것처럼 보이지 않았고, 환경에 맞춰 그때그때 달라진 결과처럼 보였습니다.

다윈이 『종의 기원』에서 제시한 핵심 개념은 하나로 요약됩니다. 자연선택. 이 단순하고 명확한 개념은 기존 세계관을 정면으로 무너뜨렸습니다.

자연선택의 구조는 이렇게 이루어집니다. 어떤 개체는 조금 더 튼튼하고, 어떤 개체는 조금 더 빠르며, 어떤 개체는 환경에 더 잘 적응합니다. 더 살아남기 쉬운 특성을 가진 개체가 상대적으로 더 많이 생존하고 번식하게 됩니다. 이 과정이 오랜 시간 반복되면서, 종의 형태는 서서히 달라집니다. 중요한 점은 이 과정 어디에도 목적이나 계획, 의도가 없다는 사실입니다.

바로 여기서 가장 큰 충격이 발생합니다. 이전까지 질서는 곧 의도의 흔적으로 이해되었습니다. 복잡한 구조가 있다면, 그 배후에는 반드시 설계자가 있어야 한다고 믿었습니다. 눈이 정교하면 그것은 신의 설계이고, 생태계가 균형을 이루면 그것은 목적 있는 질서의 증거라고 여겼습니다. 그러나 자연선택은 이 논리를 근본에서부터 뒤집습니다. 질서는 의도 없이도 만들어질 수 있다는 가능성을 제시했기 때문입니다.

자연의 정교함은 수많은 시행착오와 탈락, 실패의 축적이 만들어 낸 결과라는 거였죠. 자연이 효율적으로 보이는 이유는 최적의 계획 때문이 아니라, 비효율적인 형태들이 사라지고 남은 결과이기 때문입니다. 자연선택은 완벽함을 목표로 하지 않습니다. 단지 지금의 환경에서 견딜 수 있었는지 아닌지만을 가린다는 것이었죠.

이 지점에서 다윈의 이론은 과학을 넘어 철학적 메시지를 터뜨립니다. 세계를 설명하는 방식이 바뀌기 때문입니다. 더 이상 '왜 이렇게 만들어졌는가'라는 질문이 중심이 되지 않습니다. 대신 '어떻게 이런 결과가 나오게 되었는가'라는 질문이 등장합니다. 목적과 의미를 묻는 질문 대신, 과정과 조건을 추적하는 질문이 세계를 이해하는 기본 방식이 됩니다.

자연선택은 세계를 설명하는 언어를 바꿨습니다. 신의 의도나 자연의 목적을 가정하지 않고도, 복잡성과 질서를 이해할 수 있다는 가능성, 이것이 다윈이 던진 가장 급진적인 제안이었습니다. 그리고 이 제안은 곧바로 인간에게 되돌아옵니다. 만약 자연의 질서가 설계자 없이 형성되었다면, 인간의 자리 역시 다시 물을 수밖에 없게 되기 때문입니다.

인간은
예외가 아니다

다윈의 진화론이 던진 불편한 결론은 인간은 예외가 아니라는 거였죠. 인간은 특별히 자연의 바깥에 서 있는 존재가 아니라, 다른 생물들과 마찬가지로 진화의 과정 속에서 형성된 존재라는 주장이요. 이 한 문장은 인간이 스스로에게 부여해 온 특권적 지위를 정면으로 흔들었습니다.

다윈은 인간을 낮추려는 의도로 진화론을 제시한 것도 아니었습니다. 다만 인간을 자연의 법칙에서 제외할 근거가 없다는 사실을 말했을 뿐이죠. 만약 모든 생물이 변이와 자연선택을 통해 형성되었다면, 인간만 그 과정을 면제받았다고 주장할 이유는 없었습니다.

이 관점에서 보면 인간의 이성, 도덕, 감정 역시 초월적 선물이나 특별한 본질이 아닙니다. 그것들은 생존과 적응의 과정 속에서 형성된 능력입니다. 협력은 집단 생존에 유리했기 때문에 발달했고, 공감과 도덕 감정은 공동체 내부의 갈등을 줄이는 데 기여했으며, 이성적 사고는 환경을 예측하고 문제를 해결하는 데 도움이 되었기 때문에 선택되었습니다. 인간의 정신적 능력은 자연을 벗어난 증거가 아니라, 자연 안에서 살아남은 흔적입니다.

이건 인간 이해의 방식을 바꾸게 했죠. 인간의 폭력성, 이기심, 두려움, 그리고 동시에 협력과 연대의 능력까지도 도덕적 결함이나 타락의 결과로만 설명할 수 없게 되었습니다. 이것들은 생물학적·사회적 조건 속에서 형성된 특성들이며,

이해의 대상이 됩니다. 이기적인 인간조차 신의 뜻을 어긴 존재가 아니라, 특정한 조건에서 형성된 존재가 됩니다.

목적 없는 세계에서
어떻게 살 것인가

다윈의 진화론은 인간에게 의미가 주어지지 않는 세계를 보여 주었습니다. 자연은 인간의 고통이나 성취에 관심을 갖지 않습니다. 자연은 목적을 설명하지 않고, 위로를 제공하지도 않습니다. 그렇다면 의미 없는 세계에서, 우리는 어떻게 의미를 만들까요? 자연이 침묵하는 자리에, 인간은 무엇을 세울까요?

다윈 이전의 세계관에서는 이 질문에 비교적 명확한 답이 있었습니다. 세계는 창조되었고, 인간은 그 안에서 맡은 자리가 있었으며, 삶은 궁극적으로 구원이나 완성을 향해 나아간다고 믿을 수 있었습니다. 개인의 삶이 고단하더라도, 더 큰 목적 속에 위치해 있다는 감각은 불안을 견딜 수 있게 해 주었습니다.

그러나 진화론 이후 이 구조는 더 이상 유지되기 어려워집니다. 세계는 구원을 향해 나아가는 서사가 아니며, 자연에는 인간을 중심에 두는 어떤 필연적 목적도 없다는 것을 깨닫게 됩니다. 생명은 우연적 변이와 경쟁, 환경에 대한 적응과 변화의 결과로 이어질 뿐임을요. 어쩌면 살아남은 것은 선택된 것이 아니라, 버텨 낸 것입니다. 이 과정 어디에도 의미를 부여하려는 의도는 존재하지 않습니다.

이 인식은 인간에게 불안을 남깁니다. 만약 우리가 특정 목적을 위해 존재하지 않는다면, 삶은 무엇으로 정당화될 수 있을까요? 인간의 고통과 노력은 어디로 수렴되는 것일까요? 다윈은 이런 질문에 답하려 하지 않았지만, 그의 이론은 사람들을 이 질문 앞에 세워 두었습니다. 자연이 침묵하는 자리에서, 인간은 더 이상 외부로부터 의미를 부여받을 수 없게 되었습니다.

이때 등장하는 것이 실존적 불안입니다. 이는 세계가 나를 위해 설계되지 않았다는 자각, 나의 존재가 필연이 아니라는 인식에서 오는 불안입니다. 의미는 주어지는 것이 아니라, 찾아야 하거나 만들어야 하는 문제가 됩니다. 19세기 말과 20세기의 사상은 자연과학을 넘어 인간의 조건을 다시 묻기 시작합니다.

목적 없는 세계는 인간을 자기 자신의 삶에 대해 책임져야 하는 존재로 밀어 올렸습니다. 실존적 불안은 파괴만을 낳는 게 아니었죠. 인간이 스스로 의미를 만들어야 한다는 사유, 즉 실존철학과 현대 인간 이해의 출발점이 되었습니다.

우리는 여전히 의미 있는 삶을 원합니다. 성공이든, 관계든, 일상이든, 무엇이든 '이유 있는 삶'을 살고 싶어 합니다. 다윈 이후에도 이 욕망은 사라지지 않았습니다. 오히려 더 강해졌을지도 모릅니다. 세계가 우리에게 목적을 약속해 주지 않게 되었기 때문입니다.

목적이 주어지지 않는다는 사실은 공허함만을 낳지 않습니다. 이 사실은 동시에 선택의 공간을 열어 주죠. 삶의 방향은 더 이상 설계도에서 읽어 낼 수 없고, 신의 뜻으로 확인할 수도 없습니다. 대신 우리는 어떤 가치에 기대어 살아갈 것인지, 어떤 관계를 선택할 것인지, 어떤 삶을 의미 있다고 부를 것인지를 스스로 결정해야 합니다.

의미는 발견되는 것이 아니라, 구성되는 것이 됩니다. 우연히 주어진 조건 속에서 무엇을 중요하게 여기고, 무엇을 책임질 것인지를 정하는 과정이 곧 삶이 됩니다. 다윈 이후의 인간은 더 이상 자연의 목적을 수행하는 존재가 아니라, 자연 속에서 스스로의 기준을 세워야 하는 존재가 됩니다.

3. 20세기 과학의 충격
: 상대성과 양자의 세계

"우리가 관찰하는 것은 자연 그 자체가 아니라,
우리가 던진 질문의 방식에 노출된 자연이다."
— 베르너 하이젠베르크, 『물리와 철학』

확실성의 붕괴,
불확실성의 탄생

20세기 과학은 우리가 믿고 살던 세계의 바닥을 통째로 흔들어 놓았습니다.

뉴턴 이후 자연은 마치 정교한 시계 장치처럼 예측 가능한 질서로 움직인다고 배워 왔습니다. 시간은 누구에게나 같은 속도로 흐르고, 공간은 변하지 않는 배경이라고 믿었죠. 그런데 아인슈타인의 상대성이론은 이 믿음의 축을 처음부터 갈아엎었습니다. 시간은 절대적이지 않고, 관찰자의 속도에 따라 느리게 혹은 빠르게 흐를 수 있으며, 공간 역시 질량에 의해 휘어진다는 사실이 드러났습니다. 우리가 서 있는 세계는 더 이상 단단한 무대가 아니라, 관계에 따라 모양이 달라지는 유동적인 장이 된 것입니다.

상대성이 기존의 질서를 흔들어 놓았다면, 양자역학은 그 균열을 더 깊이 벌려 놓았습니다. 미시세계에서는 입자가 동시에 파동일 수도 있으며, 위치와 운동을 동시에 정확히 알 수 없다는 불확정성 원리가 자연의 법칙으로 자리 잡았습니다. 게다가 어떤 입자가 관측되기 전까지는 여러 상태가 동시에 존재한다는 양자중첩 개념은, '세계는 관찰과 무관하게 원래부터 결정된 그대로 존재한다'는 우리의 상식을 무너뜨렸습니다. 즉, 진리는 고정되어 존재하는 것이 아니라, '관찰하는 순간' 비로소 모습을 드러내는 것이었습니다.

이 충격은 물리학 교과서 안에만 머물지 않았습니다. 우리는 GPS·핵발전·반도체 같은 기술 이론들의 결과물을 매일 사용하고 있으면서도, 동시에 하나의 진리·하나의 세계관으로는 세계를 설명할 수 없는 시대에 살고 있습니다. 20세기 과학혁명은 '세계는 법칙으로 충분히 설명된다'는 확신을 무너뜨린 대신, '세계는 불확실성과 가능성 속에 존재한다'는 새로운 사고방식을 남겼습니다. 이는 과학사를 넘어서

20세기 이후 인류 정신의 구조를 바꿔 놓은 조용한 철학적 지진이 되었습니다.

철학과 예술까지
흔든 충격파

20세기 초, 아인슈타인의 상대성이론과 양자역학의 등장은 철학과 사회 전반을 흔드는 거대한 충격파가 되었습니다. 그 충격은 철학자들에게 새로운 화두를 던졌습니다. 실증주의자들은 과학적 사실의 의미를 다시 검토해야 했고, 현상학자들은 '관찰자가 세계를 어떻게 구성하는가'라는 문제의식으로 나아갔습니다. 아인슈타인의 이론들이 자연은 우리와 무관하게 그대로 주어지는 게 아니라, 관찰 조건과 인식의 틀 속에서 모습을 드러낸다는 사실을 보여 주었기 때문입니다.

결정론의 해체는 곧 인간 자유와 책임에 대한 논의로 이어졌습니다. 하이젠베르크의 불확정성 원리는 모든 것은 필연적으로 정해져 있다는 관념을 무너뜨리며, 사르트르 같은 실존주의자에게는 인간이 스스로 의미를 만들어야 한다는 급진적 자유의 근거가 되었습니다. 과학과 철학은 서로를 자극하며, '객관적 세계'에서 '관점과 주체의 세계'로의 전환을 일으켰습니다.

심리학과 사회학도 이 충격 속에서 새로운 길을 모색했습니다. 프로이트가 무의식을 발견하며 인간은 더 이상 투명한 이성이 아님을 드러냈고, 뒤르켐은 집단 규범이 개인의 의식을 형성한다고 주장했습니다. 즉, 세계가 불확실하다면 인간도 고정된 본질이 아니라 끊임없이 형성되고 변화하는 존재라는 생각이 힘을 얻었습니다. 이러한 불확실성은 사회학의 상대주의로도 번져 나갔습니다. 이로써 세계가 확정되지 않듯, 인간 또한 미리 규정되지 않는다는 인식이 학문 간 공통분모가 되었음을 알 수 있습니다.

예술가들도 이러한 시대정신을 민감하게 포착했습니다. 피카소와 브라크의 입체파는 대상을 하나의 시점에서 보지 않고 여러 시점을 동시에 병치함으로써 단일한 진실을 해체했습니다. 조이스와 카프카는 파편화된 의식과 불안정한 서사를 통해 더 이상 일관된 세계관이 불가능하다는 시대의 감각을 문학으로 드러냈습니다.

이렇게 형성된 충격의 연쇄는 20세기 사상 전반의 토양이 되었습니다. 구조주의와 포스트모더니즘은 절대적 토대가 없다는 것을 전제하고, 권위와 진리를 상대적 맥락 속에서 해체하려 했습니다. 이는 사회와 정치, 윤리와 문화까지 관통하는 인식론적 전환이었습니다.

물리학이 무너뜨린 확실성은 철학의 자유, 심리학의 무의식, 사회학의 상대주의, 예술의 해체와 만나 거대한 지적 네트워크를 이루었습니다. 과학의 한 방울이 철학을 흔들고, 철학의 물결이 예술을 바꾸며, 예술의 실험이 다시 사회와 인간 이해를 확장시키는, 그야말로 지성들이 서로를 비추고 흔드는 연쇄의 시대가 열린 것이었습니다.

불확실성 속
미래를 비추다

상대성이론과 양자역학은 오늘날 우리의 삶을 떠받치는 기반이 되었습니다. 우리가 일상에서 누리는 편리와 안전, 의학적 진보는 모두 이 과학혁명의 산물 위에서 이루어지고 있습니다.

나아가 이 두 이론은 미래의 과학을 향한 상상력을 열어젖혔습니다. 우주론은 상대성이론의 연장선에서 블랙홀과 빅뱅을 설명하고, 양자역학은 양자컴퓨터와 양자통신이라는 새로운 기술의 가능성을 제시하고 있습니다. 데이터와 계산 능력이 폭발적으로 확장되는 오늘의 세계에서, 상대성과 양자 이론은 미래 사회로 향하는 동력이 되었습니다.

확실성이 아니라 불확실성 속에서 세계가 움직인다는 사실은, 우리가 살아가는 방식에도 은유됩니다. 예측할 수 없는 사회와 경제, 복잡하게 얽힌 인간관계 속에서 우리는 언제나 불확실한 상황 속에서 판단하고 행동해야 합니다. 20세기의 과학혁명은 오늘날 인간이 스스로를 이해하는 방식, 즉 '불확실성을 안고 살아가는 존재'라는 자각을 남긴 것입니다.

전쟁과 해방의 사상들

Part 5 폭력과 철학

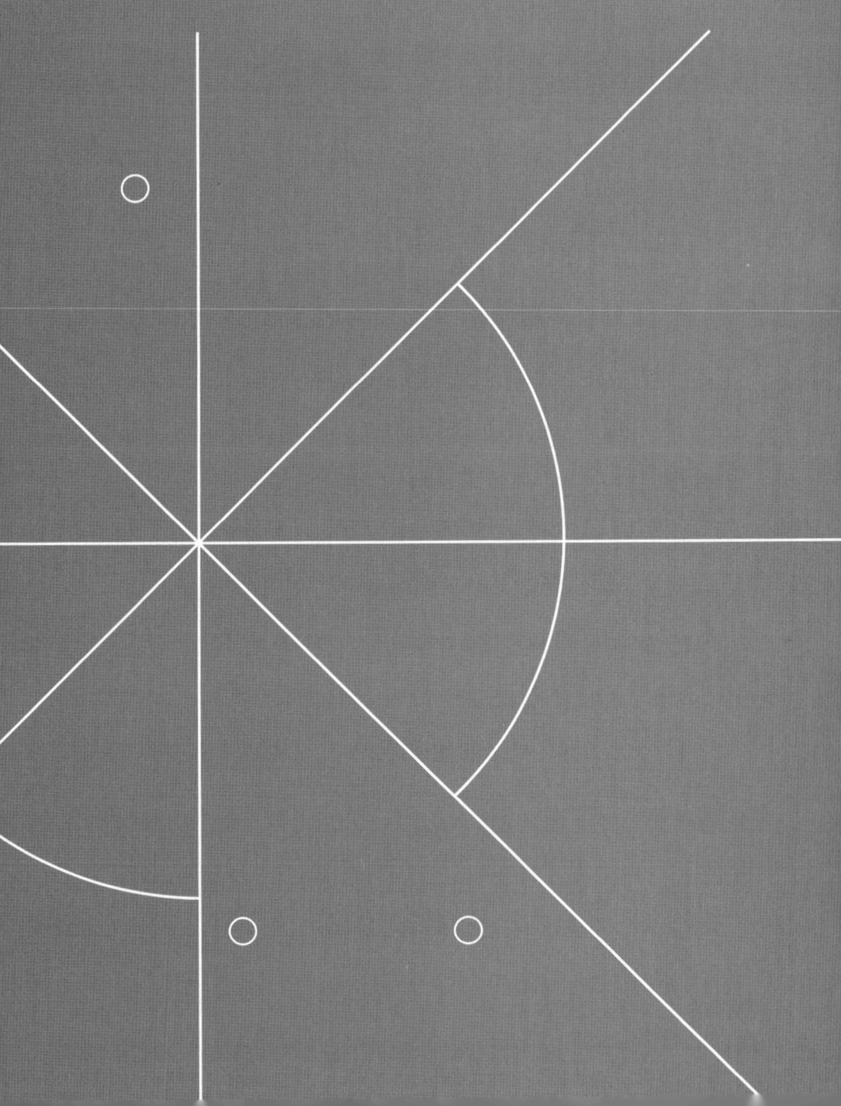

—

　20세기는 인류 역사에서 가장 많은 피를 흘린 세기였습니다. 두 차례의 세계대전은 수천만 명의 생명을 앗아 갔고, 인간 이성과 문명이 진보를 보장할 것이라는 낙관은 잔혹하게 무너졌습니다. 총과 탱크, 가스실과 원자폭탄은 과학과 이성이 얼마나 손쉽게 파괴와 억압의 도구로 전락할 수 있는지를 보여 주었습니다. 전쟁은 단순한 정치적 사건이 아니라, 인간이 스스로를 어떻게 이해할 것인지 근본부터 다시 묻는 철학적 전환점이 되었습니다.

　전쟁은 개인에게는 삶의 의미를 송두리째 흔드는 부조리로 다가왔습니다. 죽음과 파괴 앞에서, 인간은 여전히 자유롭게 선택하고 책임져야 하는 존재라는 실존철학의 목소리가 울려 퍼졌습니다. 동시에 전체주의와 대중 선동은 이성이 권력과 자본에 사로잡힐 때 어떤 위험을 낳는지 적나라하게 드러냈습니다.

페허 위에서 태어난 사상들은 인간을 자유로운 주체로, 사회를 끊임없이 비판해야 할 체제로, 그리고 세계를 새롭게 재해석해야 할 무대로 다시 세웠습니다. 이번 파트에서는 전쟁이 어떤 철학을 불러냈고, 그 사유가 오늘 우리의 현실에 어떤 흔적을 남겼는지 살펴보고자 합니다.

1. 1차 세계대전과 실존주의
: 부조리 속에서 자유를 외치다

"인간은 자유라는 형벌에 처해 있다."

—장 폴 사르트르, 『존재와 무』

극단적 상황에서
묻는 삶의 의미

오늘날 우리는 전쟁터에 직접 서 있지 않더라도, 극단적 상황에 부딪히며 살아갑니다. 삶이 예기치 못한 상실과 불확실성에 휩싸일 때, 우리는 종종 묻곤 합니다. '나는 왜 살지? 이 삶은 어떤 의미가 있지?'

실존주의가 이 질문으로부터 태어났습니다. 세계가 합리적으로 설명될 수 있다는 믿음이 무너진 순간, 인간은 더 이상 외부에서 주어진 의미에 기대지 못했습니다. 대신 스스로 삶의 방향을 선택하고, 그 선택에 책임져야 했습니다. 세계가 부조리할수록, 인간의 자유와 결단은 더욱 절실한 문제로 다가왔습니다.

그래서 실존주의는 단지 20세기 전쟁의 철학이 아니라, 오늘날 우리의 언어이기도 합니다. 거대한 위기 앞에서 우리는 여전히 외부의 답을 찾기보다, 스스로의 선택을 통해 의미를 만들어야 하기 때문입니다. 실존주의가 남긴 '세계는 부조리하다, 그러나 너는 선택할 수 있다'라는 메시지는 지금 이 순간에도 유효하게 인간의 조건을 압축하고 있습니다.

전쟁이 무너뜨린 낙관

1차 세계대전 이전의 유럽은 '벨 에포크'라 불리는 번영과 낙관의 공기를 누리고 있었고, 그 시기가 영원할 것이라고 믿었습니다. 과학기술의 발전과 산업의 확장은 진보가 멈추지 않으리라 약속하는 듯 보였습니다. 입헌주의와 의회주의는 점차 확산되었고, 국제 박람회와 철도망은 세계가 반듯하게 발전하는 것처럼 보이게 했죠. 이성·과학·문명에 대한 신뢰가 시대정신이었습니다. 그 신뢰가 곧 세계를 안전하게 안내할 것처럼 보였고요.

그러나 1914년 전쟁이 발발하자 이 낙관은 무참히 붕괴했습니다. 참호전과 기관총, 대포와 독가스, 대규모 포격은 전장을 전례 없는 기계화된 살육의 공간으로 바꾸었습니다. 전쟁은 총력전의 형태를 띠며 국민경제·노동력·언론·교육까지 총동원했고, 국가의 동원과 통제, 선전과 검열이 일상을 뒤덮었습니다. 문명이 약속했던 합리성과 효율은 평화의 언어가 아니라 파괴의 언어로 적용되었습니다.

젊은 세대는 전쟁터에서 대량으로 희생되었고, 살아 돌아온 이들은 잃어버린 세대로 불릴 만큼 상실과 무력감에 잠겼습니다. 가족과 지역 공동체의 결속은 와해되었습니다. 삶의 의미에 대한 회의가 전 사회에 퍼졌습니다.

정치 질서 역시 균열을 감당하지 못했습니다. 합스부르크·오스만·로마노프 제국은 붕괴했고, 독일과 오스트리아에서는 혁명과 반혁명이 엇갈렸습니다. 베르사유 체제는 패전국의 불만과 경제적 파탄을 심화시켰고, 초인플레이션과 실업은 민주주의 제도의 정당성을 마모시켰습니다. 이런 환경은 급진 이념과 전체주의의 토양이 되었고, 개인은 거대

이념과 국가 기계 사이에서 방향 감각을 잃게 되었습니다. 시대는 커졌고, 개인은 작아졌습니다. 개인은 일상 속에서 '나는 누구인가, 무엇을 선택해야 하는가'라는 질문을 더 자주, 더 절실하게 마주했습니다.

지성의 내부에서도 균열이 일어났습니다. 과학은 진보의 동의어가 아니게 되었습니다. 합리성은 전쟁의 기술이 되었고, 확실성의 철학은 설득력을 잃었습니다. 20세기 초의 과학혁명은, 앞선 파트에서 살펴보았듯 세계가 본질적으로 불확실하고 관계적임을 드러냈고, 이는 외부에 주어진 객관적 의미에 기대던 습관을 약화시켰습니다. 종교적 권위는 세속화 속에 후퇴했고, 계몽의 서사는 전쟁의 파열에 책임을 면치 못했습니다. 의미를 밖에서 받아들일 근거들이 사라졌습니다.

전쟁이 낙관을 무너뜨린 폐허에서 인간은 스스로를 의미의 주체로 다시 세울 언어를 필요로 했습니다. 실존주의는 바로 그 요구에 답했습니다. 자유·선택·책임은 사치가 아니라 생존의 기술이 되었습니다. 그리고 이 기술은 전쟁이 끝난 뒤에도 여전히 유효한 인간의 조건으로 남았습니다.

폐허 속에서
새로운 주체를 세우다

전쟁과 점령, 폐허 속에서 사르트르와 카뮈는 각기 다른 언어로 시대를 해석했고, 그들의 사유는 곧 시대정신이 되었습니다.

사르트르는 인간 존재의 출발점이 외부에서 주어지는 본질이 아니라, 각자가 세계 속에서 스스로 살아 내는 행위라고 보았습니다. 그가 남긴 "실존은 본질에 앞선다"라는 문장은 곧, 인간이 태어날 때 어떤 고정된 목적·운명·자아의 본질을 가지고 오는 것이 아니라, 살아가는 과정 속에서의 선택과 행동이 곧 본질을 만들어 낸다는 뜻이었습니다. 다시 말해, 인간은 무엇인가로 규정된 상태에서 시작하는 것이 아니라, 매 순간의 자유로운 결정을 통해 자기 자신이 되어 간다는 것입니다.

이 자유는 축복이면서 동시에 짐이었습니다. 사르트르에게 자유란 결코 달콤한 권리가 아니었습니다. 그것은 피할 수 없는 조건이자 형벌에 가까운 부담이었습니다. 인간은 언제나 선택해야 하며, 선택하지 않겠다는 태도조차 하나의 선택이 되어 끝내 '책임'을 피할 수 없게 되기 때문입니다. 그 책임에는 어떤 경우에도 선택의 결과를 타인이나 체제, 혹은 신에게 떠넘길 수 없다는 자명한 사실이 존재합니다.

그는 이를 "인간은 자유라는 형벌에 처해 있다."라는 역설적인 표현으로 설명했습니다. 이 말 속에는, 자유가 해방의 열쇠이자 동시에 고통의 근원이 된다는 이중성이 담겨 있습니다.

전쟁 상황 속에서 사람들은 날마다 구체적인 선택을 강요받았습니다. 협력할 것인가, 저항할 것인가, 혹은 그저 눈을 감고 침묵할 것인가. 사르트르는 이러한 모든 태도를 자기의 본질을 구성하는 선택으로 보았습니다.

그는 "나는 어쩔 수 없었다"라는 말로 자신의 행동을 정당화하는 것을 가장 경계했습니다. 왜냐하면 바로 그 순간, 인간은 자기 자유를 부정하고 타인의 힘 뒤에 숨는 것이기 때문입니다.

그는 자신의 자유와 책임을 회피하려는 태도를 자기기만이라고 말합니다. 예컨대 '시대가 시켜서 그렇게 했다', '모두가 그렇게 하니 어쩔 수 없었다'라는 태도는, 결국 스스로의 선택을 외면한 것이며, 자기 존재를 축소시키는 비겁한 행위였습니다. 사르트르는 인간이 진정으로 인간답게 존재하기 위해서는, 어떤 상황 속에서도 자신의 선택을 정직하게 인정하고 책임져야 한다고 보았습니다.

그의 실존주의는 점령과 검열, 탄압 속에서 '나는 어떤 존재가 될 것인가'라는 물음을 끊임없이 던지는 실천적 요청이었습니다. 자유는 피할 수 없었고, 따라서 책임도 피할 수 없었습니다. 사르트르는 바로 그 무거운 조건을 끝까지 직시하라고, 그리고 자기기만 대신 정직한 선택으로 자신을 세우라고 촉구했습니다.

그렇다면, 카뮈의 사상은 어땠을까요? 카뮈는 삶이 거대한 질서나 목적에 의해 설명되지 않는다고 봤습니다. 신이 침묵하고, 역사는 무자비하게 개인을 삼켜 버리는 현실에서, 삶은 예측할 수 없고 불합리하며 이해할 수 없는 사건들의 연속일 뿐이었습니다. 그는 이 체험을 하나의 개념으로 압축했습니다. 바로 "부조리"입니다.

부조리란 의미를 찾고자 하는 인간의 열망과 아무런 응답도 주지 않는 세계의 침묵이 맞부딪힐 때 발생하는 긴장이었습니다. 인간은 본능적으로 의미를 원하지만, 세계는 아무런 보장도 해 주지 않습니다.

대부분의 사람은 이 부조리를 견디지 못하고 종교나 이데올로기, 혹은 자기기만 속으로 도피한다고 그는 보았습니다. 하지만 카뮈는 그런 도피를 거부했습니다. 그는 다음과 같이 말했습니다.

세계는 부조리하다. 그러나 나는 그 부조리 속에서 살아가기를 택한다.

카뮈에게 중요한 것은 부조리를 제거하거나 초월하는 것이 아니었습니다. 그는 오히려 부조리를 끝까지 응시하고, 그 속에서 긍정하는 태도를 강조했습니다. 이것이 카뮈가 말한 반항이었습니다. 반항은 무기를 들고 싸우는 행위만이 아니라, 허무주의에 굴하지 않고 매일의 삶을 이어 가는 행위, 의미 없는 세계 속에서도 인간다운 존엄을 지켜 내려는 결단이었습니다.

카뮈의 철학은 체념하지 않는 개인의 태도를 넘어서 집단적 연대의 가능성도 모색했습니다. 부조리는 모두가 공유하는 조건이기에, 인간은 서로를 이해하고 함께 반항할 수 있습니다. 의미 없는 세계에서, 우리가 할 수 있는 일은 서로의 고통을 함께 짊어지고, 작은 행동으로 세계에 맞서는 것이었습니다.

결국 카뮈의 실존주의는 허무주의에 빠지지 않으면서도 종교적 구원에 의존하지 않는, 제3의 길을 제시했습니다. 세계는 여전히 부조리하지만, 인간은 그 부조리 속에서 자유롭게 살고, 서로와 연대하며, 삶을 긍정할 수 있다는 선언이었습니다. 카뮈가 말한 반항은 체념이 아니라, 삶을 더 치열하게 긍정하기 위한 적극적 태도였습니다.

사르트르와 카뮈가 던진 메시지는 하나의 질문에서 출발합니다. '세계가 부조리하더라도, 우리는 어떻게 살아갈 것인가?' 사르트르는 자유와 책임으로, 카뮈는 부조리를 직시한 반항으로 대답했습니다. 이 두 철학은 전후 유럽의 젊은 세대에게 현실을 견디는 언어가 되었고, 정치적 저항과 문학적 창작, 그리고 개인적 삶의 태도까지 깊이 스며들었습니다.

전후 세대의 언어가 된 실존철학

실존철학은 20세기 전쟁 세대가 처한 현실을 가장 직접적으로 말해 준 언어였습니다. 전쟁과 학살은 종교의 가치를 공허하게 만들었고, 합리성과 과학은 파괴의 기술로 전락했습니다. 더 이상 외부의 질서나 이념을 믿을 수 없게 되었을 때, 실존철학은 '의미는 주어지는 것이 아니라 스스로 만들어 내는 것'이라는 급진적인 선언을 던졌습니다.

이 메시지는 폐허 위에서 인간이 다시 설 수 있는 윤리적 토대가 되었습니다. 종교와 이성이 물러난 자리에서 자유와 책임, 결단이 새로운 삶의 중심이 된 것입니다.

개인의 선택과 책임을 강조하는 실존주의의 사유는 전후 청년들에게 저항과 자유의 언어가 되었습니다. 권위주의적 질서와 사회적 통제에 맞서는 운동, 식민지 해방 투쟁, 민주화 열망 속에서 실존주의의 정신이 녹아 있습니다. 나는 자유롭게 선택할 수 있고, 따라서 그 결과에 책임진다는 말은, 전체주의와 무기력에 빠지기 쉬운 시대에서 스스로 주체성을 회복하려는 선언이기도 했습니다.

시와 음악, 패션과 영화 속에서도 실존주의적 허무와 저항의 정조가 반복적으로 변주되었고, 전후 세계 곳곳에서 권위와 질서에 도전했던 청년 세대의 사유와 행동, 이른바

68혁명 세대의 사유와 행동에도 영향을 주었습니다.

전쟁과 폭력이 낳은 폐허 속에서, 인간이 인간답게 남으려면 무엇이 필요한가라는 질문에 대한 집단적 대답이었던 실존주의는 문학과 연극, 예술과 정치, 그리고 일상의 대화 속에까지 침투했고, 20세기 지성사의 가장 넓고 깊은 흔적 중 하나로 남게 되었습니다. 즉, 실존주의는 자유·책임·저항의 철학이었고, 동시에 위기의 시대마다 다시 불려 나오는 보편적 언어가 되었습니다.

자기 존재의
주체가 된다는 것

세계가 불확실할수록, 인간은 다시 묻게 됩니다. '이 상황 속에서 나는 무엇을 선택할 건가?' 거대한 의미가 사라졌을 때, 의미는 외부가 아니라 자기 행동 속에서 다시 태어남을 실존주의는 상기시킵니다. 외부의 조건은 피할 수 없지만, 그 속에서 나는 어떤 삶의 태도를 선택할까요? 작은 행동이든, 책임 있는 결정이든, 그것이 곧 자기 존재를 구성하는 의미가 됩니다.

불확실한 시대, 의미 없는 듯 보이는 상황 속에서도, 우리는 여전히 선택할 수 있고, 그 선택 속에서 스스로의 삶을 세워 갈 수 있습니다. 실존주의가 남긴 메시지는 단순합니다. 나의 삶은 내가 만드는 것이다. 이 자각은 오늘날 우리에게도 버팀목이 됩니다.

2. 2차 세계대전과 악의 평범성
: 순응은 변명이 되지 않는다

"악은 심오하지 않으며, 근본적이지도 않다.
그것은 무사유에서 비롯된다."
　　　—장 폴 사르트르, 『존재와 무』

나는
시킨 대로 했을 뿐

우리는 흔히 악을 괴물이나 비정상적인 사람의 문제로 여깁니다. 그러나 한나 아렌트는 이건 위험한 착각이라고 말했습니다. 악은 특별한 괴물이 아니라, '평범함' 속에서 발생한다는 것입니다.

직장에서 부당한 지시를 받았을 때, 조직의 잘못된 관행을 보았을 때, '원래 그런 거니까'라며 침묵해 오곤 하지 않나요? 혹은 '내가 정한 게 아니라, 윗선에서 내려온 거니까'라는 말로 스스로를 합리화해 봤거나, 합리화하는 사람을 본적 있나요? 그렇게 사유를 멈추고, 비판하지 않고, 책임을 떠넘기는 순간, 악은 특별한 사건이 아니라 일상의 습관으로 자리 잡습니다.

아렌트가 '악의 평범성'이라는 개념으로 드러내려 했던 것도 바로 이것입니다. 거대한 전쟁과 학살의 시대만이 아니라, 지금 우리의 삶 속에서도 '나는 시킨 대로 했을 뿐'이라는 태도는 언제든 반복될 수 있습니다. 그렇기에 그녀의 사유는 오늘을 사는 우리에게도 질문을 던집니다. '나는 지금 스스로 생각하며 판단하고 있는가, 아니면 판단을 내어 주고 그저 톱니바퀴처럼 돌아가고 있는가.'

체제적 폭력과
생각하지 않는 사람들

1차 세계대전이 남긴 충격은 매우 컸습니다. 참호 속에서 끝없이 반복된 살육, 수천만 명의 희생은 문명이 약속한 진보가 허망한 신기루라고 느껴지게 했습니다. 전쟁이 끝난 뒤 지성들은 '삶의 의미는 어디에 있는가'라는 질문을 던졌고,

그 답을 찾으려는 시도 속에서 실존주의가 태어났습니다. 핵심은 부조리한 세계 속에서도 인간은 자유롭게 선택하며, 그 선택에 스스로 책임을 져야 한다는 자각이었습니다.

2차 세계대전은 또 다른 문제를 제기했습니다. 이번에는 전장의 혼돈이 아니라, 국가와 체제가 합리성·법·행정·과학기술을 총동원해 학살을 체계화한 사건이었습니다. 독일은 차별적인 법, 등록·통계·문서 행정, 철도 운송망을 통해 유대인 학살을 절차화했습니다. 비인륜적인 행위들은 관리와 계획의 질서 속에서 움직였습니다. 총칼보다 더 치밀한 서류 결재, 예산 배정, 일정표였습니다.

라디오와 영화, 신문은 거대한 선전 장치로 통합되었고, 정당·관료·경찰·기업은 당—국가—시장의 얽힘 속에서 유기적으로 작동했습니다. 폭력은 비이성의 광기가 아니라, 행정적 규범성과 합법성의 외피를 두른 채 진행되었습니다. 이 전쟁이 남긴 핵심 장면은 '합법·합리·행정의 얼굴을 한 악'이었습니다.

이 과정에서 법과 도덕의 경계도 무너졌습니다. 나치의 범죄는 '불법적 일탈'이 아니라, 법 자체를 변형해 범죄를 합법화한 사건이었습니다. 그 결과 '합법이면 정당한가?'라는 근본적 질문이 제기되었습니다. 동시에 전시 경제와 표준화된 관료제는 책임을 끝없이 분산시켜, '내 일은 서류 처리일 뿐'이라는 자기합리화를 가능하게 했습니다. 사람들은 자신을 거대한 기계의 톱니바퀴로 위치시키며, 도덕적 감각을 잃어갔습니다.

이 새로운 경험은 1차 세계대전이 남긴 질문과는 전혀 다른 물음을 던졌습니다. 이제 문제는 '부조리 속에서도 어떻게 의미를 만들 것인가'가 아니라, '어떻게 평범한 사람들이 생각을 멈추고 거대한 악에 가담하게 되는가'였습니다. 악이 본래 괴물의 얼굴을 한 것이 아니라, 사유를 포기하고 복종을 선택한 일상의 인간 속에서 모습을 드러냈기 때문입니다.

따라서 2차 세계대전이 남긴 철학적 과제는 개인의 내면적 의미가 아니라, 사회와 제도가 개인의 사고와 책임을 어떻게 마비시키는가, 그리고 자유 사회는 이를 어떻게 막을 수 있는가를 묻는 것이었습니다. 1차가 개인에게 부조리 속 의미를 묻는 실존적 질문을 남겼다면, 2차는 인간에게 사유와 판단의 정치적 책임을 요구했습니다.

전쟁은 더 이상 인간에게 단순히 삶은 부조리하다는 자각만을 남기지 않았습니다. 이제 전쟁은 악이 어떻게 일상과 제도의 얼굴을 쓰고 나타나냐는, 더 근본적이고 정치적인 질문을 제기했습니다.

스스로의 책임을
외면하지 말 것

아렌트는 이 질문을 단순히 독재자의 광기나 일부 열성적인 범죄자의 문제로 보지 않았습니다. 그녀가 주목한 것은, 아이히만 재판에서 드러난 지극히 평범한 관료의 얼굴이었습니다. 아이히만은 유대인 학살을 지휘한 핵심 행정가였지만, 법정에서 그는 잔혹한 괴물이 아니라, "나는 명령을 따랐을 뿐"이라고 되풀이하는 보통 사람이었습니다. 아렌트는 여기서 '악의 평범성(Banality of Evil)'이라는 개념을 끌어냈습니다.

악은 특별한 의지에서 탄생하지 않는다. 오히려 사유를 멈추고, 자기 책임을 회피하며, 체제에 무비판적으로 복종할 때 가장 끔찍한 악이 탄생한다.

아이히만은 유대인을 증오해서 학살에 앞장선 것이 아니라, 자기 자리를 지키고 절차를 따르며 출세를 좇는 과정에서 거대한 범죄의 톱니바퀴가 된 것입니다.

여기서 드러난 아렌트의 비판적 의식은 이렇습니다. 인간은 흔히 제도와 법, 합리성의 장치 뒤에 숨어 자신의 책임을 회피하는 경향을 보입니다. 사람들은 '법을 따랐을 뿐', '규정에 따라 처리했을 뿐', '상관의 명령을 거역할 수 없었다'라는 말로 스스로를 합리화합니다.

하지만 아렌트가 보기에 바로 그 순간, 인간은 가장 위험한 길로 들어섭니다. 자기 행위의 결과를 사유하지 않고, 그 결과에 대한 책임을 타인이나 체제에 떠넘기는 태도가 전체주의적 범죄를 가능하게 한 진짜 토대였기 때문입니다.

그녀가 문제 삼은 것은 단순히 히틀러와 같은 독재자의 광기나, 나치 지도부의 비인간적 의지가 아니었습니다. 오히려 아렌트가 주목한 것은 체제 속에서 사유하기를 멈춘 평범한 사람들이었습니다. 아이히만은 그 대표적인 상징이었지만, 사실 그의 자리는 수많은 관료·군인·기술자·철도원·은행원으로 채워져 있었습니다. 그들 대부분은 자신을 범죄자라고 생각하지 않았습니다. 각자는 단지 행정적 절차를 따르고, 기술적 임무를 수행했을 뿐이라고 믿었습니다.

그러나 그러한 평범한 복종의 집적이야말로 전체주의적 학살을 굴러가게 만든 가장 강력한 동력이었습니다. 악은 특별한 괴물의 얼굴로만 나타나는 것이 아니라, 생각하지 않는 일상적 인간의 얼굴로 훨씬 더 효율적으로 작동한다는 점을 아렌트는 드러내고자 했습니다.

아렌트는 자유롭고 민주적인 사회라 해도 언제든 생각하지 않는 순응 때문에 전체주의로 기울어질 수 있다고 경고했습니다. 법과 제도가 있으니 안전하다는 믿음은 환상에 불과합니다. 나치 독일 역시 법과 제도를 통해 범죄를 합법화했기 때문입니다. 그렇다면 어떻게 해야 다시는 그 길을 걷지 않을 수 있을까요?

아렌트는 새로운 제도적 장치나 법적 절차만으로는 충분하지 않다고 봤습니다. 사회를 지탱하는 것은 제도 이전에 그 안에서 살아가는 개인의 사유와 판단, 책임 의식이라고 보았기 때문입니다. 개인이 스스로 생각하기를 멈추지 않을 때, 민주적 사회는 전체주의의 함정에 빠지지 않을 수 있다는 것이 그녀의 결론이었습니다.

결국 '악의 평범성'은 단순한 개념 규정이 아니라 정치적·

도덕적 실천을 촉구하는 철학이었습니다. 악을 괴물의 탓으로 돌리는 것은 오히려 위험했습니다. 그렇게 외부화하는 순간, 사람들은 안도하며 스스로의 책임을 외면하기 때문입니다.

아렌트가 강조한 것은 일상의 자리에서, 작은 선택과 행동 속에서, 내가 사유를 멈추는 바로 그 순간이 악이 싹트는 지점이 될 수 있다는 자각이었습니다. 따라서 '악의 평범성'은 과거의 홀로코스트를 해석하기 위한 설명을 넘어, 오늘을 살아가는 우리 모두에게 던지는 경고와 요청으로 확장될 수 있습니다.

사유는
의무다

아렌트의 비판은 20세기 이후 사회과학과 정치철학, 법학, 교육학, 심리학, 문화 연구 전반을 관통하는 새로운 패러다임을 열었습니다.

무엇보다 정치철학에서 아렌트의 사유는 전체주의 연구

의 전범이 되었습니다. 이는 이후 정치철학자들이 자유민주주의 사회를 분석할 때, 단지 헌법과 제도적 장치가 아니라 개인의 시민적 사유 능력을 어떻게 보장할 것인가를 중심 문제로 삼게 만들었습니다.

법학과 사회학에서도 큰 영향을 남겼습니다. 나치 범죄는 합법적 틀 안에서 이루어졌기에, '합법이면 정당한가?'라는 질문으로 근본적인 법철학적 과제를 제시했고, '상관의 명령을 따랐을 뿐'이라는 변명은 더 이상 완전한 면책 사유가 될 수 없다는 공감대를 형성했습니다.

심리학과 사회학 연구에도 여파가 미쳤습니다. 스탠리 밀그램의 복종 실험, 필립 짐바르도의 스탠퍼드 감옥 실험 등은 바로 아렌트의 문제의식을 실험적으로 검증하려 한 시도였습니다. 이 연구들은 '평범한 사람들이 상황과 권위에 의해 얼마나 쉽게 잔혹한 행동을 저지를 수 있는가'를 보여 주며, 악의 평범성이 단순한 철학적 은유가 아니라 현실적 위험임을 입증했습니다.

결국 아렌트의 사상은 인간 사회가 언제든 다시 미끄러질 수 있는 위험을 경고하는 철학적 나침반이 되었습니다. 악을 괴물의 문제로 돌리지 말고, 내 안의 평범성 속에서 악이 자라날 수 있다는 사실을 직시하게 만든 것입니다.

내 안의
악을 감시할 것

오늘날 우리는 새로운 형태의 권위와 구조 앞에 서 있습니다. 회사 조직에서 부당한 지시가 내려올 때, '원래 규정이 그렇다'며 책임을 회피한다거나, SNS와 알고리즘이 여론을 움직이는 시대, '많은 사람이 그렇게 믿는다'는 이유만으로 생각을 멈추고 집단의 흐름에 몸을 맡기는 건 아주 편리합니다. 기술 발전이 빠르게 진행되는 지금, 'AI가 내린 결정일 뿐'이라는 생각하는 것 또한 마찬가지입니다.

이 모든 장면 속에서, 아렌트가 지적한 사유하지 않는 악의 평범성은 여전히 작동하고 있습니다. 악을 괴물의 얼굴로만 상상하는 한, 우리는 스스로를 도덕적이라고 인식할 것입니다. 그러나 진짜 위험은 내 안에서, 내 일상적인 선택과 침묵 속에 있을지도 모릅니다. 그녀가 요구하는 건 거창한 영웅적 결단이 아닙니다. 오히려 작은 자리에서 사유를 멈추

지 않고, 판단을 유예하지 않으며, 책임을 회피하지 않는 태
도입니다.

3. 냉전과 규율사회
: 권력은 정상성의 이름으로 작동한다

"규범은 개인을 비교하고, 구별하고, 서열화하는 기준이 된다."
—미셸 푸코, 『감시와 처벌』

우리는 언제부터
스스로를 통제하게 되었을까

우리는 누가 소리를 지르거나 명령하지 않아도, 자연스럽게 행동을 조정합니다. 늦지 않으려 하고, 기준에 맞추려 하며, 평가를 의식합니다. 이 감각은 어디에서 오는 걸까요? 사람들은 권력을 억압이나 강제로 떠올리곤 하지만 오늘의 권력은 소리 높이지 않습니다. 대신 보이게 만들고, 비교하게 만들고, 스스로 점검하게 합니다. 미셸 푸코는 다음과 같은 질문을 던집니다.

권력은 왜 이렇게 조용해졌는가. 그리고 왜 우리는 누가 시키지 않아도 스스로를 관리하는가.

정상에서 벗어날까 봐, 점수와 지표가 나쁠까 봐, 등등의 이유로 우리는 자기 자신을 끊임없이 감시합니다.

푸코에게 현대의 폭력은 채찍의 형태가 아니라 규율과 정상성의 얼굴을 하고 일상에 스며듭니다. 학교, 병원, 군대, 공장, 사무실, 그리고 오늘날의 플랫폼과 데이터 시스템까지. 이 공간들은 몸을 길들이고 행동을 표준화하며, 개인에게 올바른 방식을 내면화하게 만듭니다. 결과적으로 권력은 밖에서 누르는 힘이 아니라, 안에서 작동하는 습관이 된다는 거죠.

이 조용한 권력 속에서, 우리는 어떻게 스스로를 관리하는 존재가 되었을까요? 이 질문을 따라가다 보면, 우리가 자유롭다고 느끼는 순간들조차 다시 보일지도 모릅니다.

**왜 우리는
순종적인가**

미셸 푸코가 사유를 전개하던 20세기 중반의 유럽은, 겉으로 보기에는 폭력의 시대를 지나온 사회였습니다. 2차 세계대전과 홀로코스트는 노골적인 학살과 독재가 어떤 참사를 낳는지 극단적으로 보여 주었고, 이후 서구 사회는 민주주의, 인권, 복지, 합리적 행정을 핵심 가치로 삼으며 스스로를 야만을 극복한 사회로 이해하기 시작했습니다. 법치는 강화되었고, 공개 처형과 고문은 사라졌으며, 국가는 더 이상 시민을 노골적으로 억압하지 않는 것처럼 보였습니다. 그렇게 폭력은 과거의 문제, 전체주의의 산물로 정리되는 듯했습니다.

그러나 푸코가 보기에 전쟁 이후의 사회는 작동하는 방식이 바뀌었을 뿐, 폭력은 여전히 남아 있었습니다. 냉전 체제 아래에서 국가는 시민을 공개적으로 처벌하기보다, 행정·통계·전문 지식을 통해 관리하기 시작했습니다. 학교, 병원, 군대, 공장, 복지 제도는 인간을 보호하고 효율화하는 장치로 설명되었고, 합리성·전문성·과학성은 통치의 정당한 언어가 되었습니다. 이 과정에서 권력은 더 깊숙이 일상으로 스며들었습니다.

푸코는 누가 권력을 가졌느냐는 전통적인 질문에는 큰 관심을 두지 않았습니다. 대신 왜 우리는 명령받지 않아도 순종하는지, 왜 스스로를 관리하게 되었는지를 물었죠. 전후 사회에서 사람들은 더 이상 채찍과 총칼에 의해 움직이지 않았습니다. 대신 시간표, 평가, 기준, 전문가의 판단, 정상성이라는 언어 속에서 자신을 끊임없이 점검하고 조정했습니다. 이는 푸코에게 권력이 훨씬 정교해졌다는 신호였습니다.

푸코는 정신병원, 감옥, 학교, 병영 같은 제도를 연구하면서, 이곳들이 특정한 인간 유형을 만들어 내는 장치라는 점에 주목했습니다. 특히 1960~70년대 프랑스 사회에서 정신의학, 범죄학, 사회복지, 교육학 같은 전문 지식이 인간을 분류하고 규정하는 힘을 갖게 되는 모습을 보며, 그는 인간이 관리되고 교정되어야 할 대상으로 이해되는 현상에 주목하죠.

즉, 폭력은 사라진 것이 아니라, 합리성·돌봄·관리·정상성이라는 언어 속에 숨어들었고, 사람들은 그 기준을 자연스럽게 내면화하며 스스로를 통제하게 되었다는 것입니다. 푸코에 따르면 근대사회에서 권력의 핵심은 금지와 폭력이 아니라, 훈련·규율·반복되는 습관에 있습니다. 사람들은 강제로 복종당하지 않아도, 일정한 방식으로 몸을 쓰고, 시간을 관리하고, 자신을 평가하도록 길들여집니다.

학교에서 종이 울리면 자리에 앉고, 회사에서 성과 지표에 따라 자신을 점검하며, 병원에서 정상과 비정상을 구분받는 과정은 모두 규율권력이 작동하는 장면입니다. 이 권력은 명령하지 않지만 표준을 제시하고, 그 표준에 맞추도록 개인을 훈련합니다. 그 결과 사람들은 누가 시키지 않아도 스스로를 관리하고 통제하게 됩니다.

푸코가 보기에 이 방식은 기존의 폭력보다 훨씬 효과적입니다. 처벌은 저항을 낳을 수 있지만, 습관과 규율은 저항 없이 순응을 만들어 내기 때문입니다. 사람들은 자신이 자유롭게 행동하고 있다고 느끼지만, 실제로는 이미 정해진 규범과 기준 안에서 움직이고 있습니다. 순종은 외부의 강제 때문이 아니라, 내면화된 규율의 결과가 됩니다.

이전에 살펴본 한나 아렌트의 문제의식과 푸코를 비교해 볼까요? 아렌트가 전체주의 속에서 사유가 중단되는 현상을 발견했다면, 푸코는 그 사유의 중단이 어떤 사회적·제도적 구조 속에서 만들어지는지를 찾아낸 거죠. 아렌트가 개인의 책임과 판단 능력의 마비를 문제 삼았다면, 푸코는 그 마비나 순종이 인간의 본성이나 도덕적 나약함의 문제가 아

니라, 근대사회가 개인을 관리하고 길들이는 방식의 산물이
라고 보았습니다.

보이지 않는 감시,
정상성을 만들어 내는 규율권력

푸코가 『감시와 처벌』에서 제시한 가장 유명한 개념은 판
옵티콘입니다. 원형 건물의 중심에는 감시탑이 있고, 주변에
는 수감자들의 방이 배치됩니다. 중요한 점은 감시탑 안에
누가 있는지, 실제로 누군가 보고 있는지는 알 수 없다는 것
입니다.

그러나 수감자는 언제나 보고 있을지도 모른다는 가능성
속에 놓입니다. 바로 이 가능성만으로도 감시의 효과는 충
분히 작동합니다. 실제로 감시자가 없어도, 수감자는 스스
로 행동을 조절하게 됩니다. 감시의 내면화인 것이죠.

판옵티콘적 권력에서는 개인이 스스로를 감시하는 주체
가 됩니다. 보고 있을지도 모른다는 불확실성 속에서, 사람
은 자발적으로 규칙을 따릅니다. 푸코가 보기에 판옵티콘은

근대사회 전체를 설명하는 권력의 원리였습니다. 그는 판옵티콘을 가능하게 만드는 권력의 작동 방식을 규율권력이라고 불렀습니다. 규율권력은 인간의 몸과 시간을 세밀하게 조직합니다.

규율은 일상적인 장치들로 작동합니다. 시간표, 출석부, 시험, 성적표, 평가, 순위 같은 것들입니다. 이것들은 인간의 행동을 일정한 방향으로 반복 훈련시키는 장치입니다. 개인의 능력은 측정되고, 비교되며, 언제 움직이고, 언제 쉬며, 어떻게 앉고, 어떻게 말해야 하는지가 미세하게 규정됩니다.

규율권력은 잘 작동하는 몸을 만들어 냅니다. 개인은 명령을 받지 않아도, 스스로 더 효율적이고, 더 규칙적인 존재가 되도록 훈련됩니다. 선택지는 늘어난 것처럼 보입니다. 그러나 그 선택의 범위와 기준은 이미 규율에 의해 설정되어 있습니다. 우리는 스스로 선택한다고 느끼지만, 사실은 규율이 허용한 범위 안에서 움직이고 있는 거죠.

규율권력이 만들어 낸 또 하나의 중요한 효과는 '정상성'입니다. 전통 사회에서 도덕은 선과 악의 문제였습니다. 죄는 처벌의 대상이었고, 잘못은 벌로 교정되었습니다. 그러나 근대사회에서는 선악 대신 정상과 비정상이 새로운 기준으로 작동하죠. 처벌 대신 교정, 치료, 관리가 등장합니다. 차별은 객관적 기준이라는 이름으로 정당화됩니다.

푸코는 이걸 경고했죠. 정상성은 중립적인 기준처럼 보이지만, 사실은 권력이 작동하는 핵심 장치입니다. 누가 정상인지, 무엇이 평균인지, 어디까지가 허용되는지는 자연스럽게 주어지지 않습니다. 그것은 항상 특정한 사회적·정치적 맥락 속에서 결정됩니다. 그래서 정상성의 언어는 누구도 직접 때리지 않지만, 누군가는 계속 밀려납니다. 배제는 보이지 않게, 그러나 훨씬 정교하게 작동합니다.

자유는 어떻게
존재할 수 있을까

'권력이 사라지면 자유가 온다. 억압이 없어지면 인간은 해방된다.' 이것이 많은 이들이 생각하는 자유입니다. 그러나 푸코에게는 빈약한 사고방식일 뿐이었습니다. 권력은 단순히 위에서 아래로 내려오는 억압이 아니라, 사회 곳곳에 퍼져 작동하는 것이기 때문입니다. 권력은 제거할 수 있는 대상이 아니라, 피할 수 없는 조건에 가깝습니다. 그래서 푸코는 '누가 나를 억압하는가'가 아니라, '나는 어떤 규범을 내 것으로 받아들였는가'라는 질문이 필요하다고 말하죠.

우리는 명령받지 않아도 성과를 내야 한다고 느끼고, 평가받지 않아도 스스로를 비교합니다. 이때 중요한 것은 강제가 있었느냐가 아닙니다. 어떤 기준이 자연스럽게 '당연한 것'으로 받아들여졌는가가 핵심입니다.

푸코는 자유를 권력이 없는 상태로 보지 않았습니다. 대신 권력의 작동 방식을 인식하고, 그 안에서 자신을 다르게 형성할 수 있는 가능성으로 이해했죠. 권력이 나를 어떻게 만들고 있는지를 아는 것이 자유의 출발점이라는 것입니다.

자발적 경쟁이라는 말은 이 시대를 설명하죠. 아무도 강요하지 않지만, 뒤처지면 불안해집니다. 명령은 없지만, 기준은 분명합니다. 우리는 스스로를 점검하고, 비교하고, 조정합니다. 이때 스스로에게 이렇게 질문해 보는 건 어떨까요? '나는 지금 어떤 기준으로 나 자신을 통제하고 관리하고 있을까? 이 기준은 정말 나의 필요에서 나온 것인가, 아니면 이미 주어진 정상성의 언어일까?'

푸코적 저항은 자명해 보이는 기준을 의심하는 작은 거

리두기에서 시작됩니다. 왜 이 평가가 중요해졌는지, 언제부터 이 기준이 나를 규정했는지, 이 규범이 나의 삶을 확장시키는지 아니면 좁히는지를 물어보는 겁니다. 바로 그 순간부터, 자유가 어떻게 살 것인가를 묻는 습관이 됩니다.

심리와 정체성의 발견

Part 6 인간과 철학

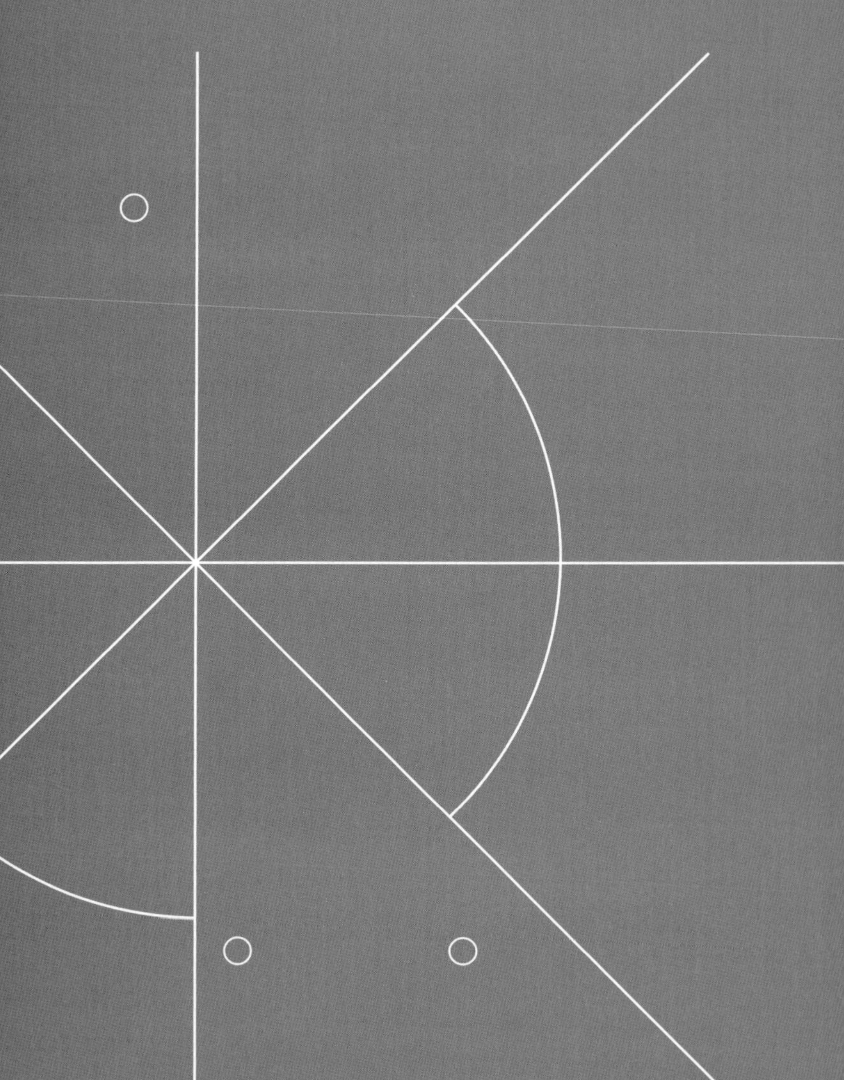

—

오랫동안 철학은 바깥을 바라보는 학문이었습니다. 별이 어떻게 움직이는지, 자연이 어떤 원리로 작동하는지, 세계의 질서와 진리를 설명하려 했습니다. 그러나 어느 시점부터 철학의 질문은 방향을 틀기 시작했습니다. ‘세계는 무엇인가’에서 ‘그 세계를 바라보고 해석하는 인간은 누구인가’로, 관심의 초점이 이동한 것입니다.

18세기에 등장한 칸트는 이 전환의 문을 열었습니다. 그는 우리가 보는 세계가 있는 그대로의 실재가 아니라, 인간의 인식 구조라는 필터를 통과한 결과물이라고 보았습니다. 즉, 우리는 세계를 ‘그 자체’로 아는 것이 아니라, 인간이 가진 틀 안에서만 이해할 수 있다는 것입니다. 진리는 밖에 있는 것이 아니라, 인간의 인식 조건 안에서 생성된다는 새로운 관점이 열린 것이죠.

한 세기가 흘러, 프로이트는 탐구의 무대를 더욱 깊은 곳으로 끌고 들어갔습니다. 사람들은 자신이 이성적으로 생각하며 행동한다고 믿었지만, 프로이트는 그 믿음을 무너뜨렸습니다. 무심코 한 말실수, 반복되는 꿈, 설명할 수 없는 불안 속에서 그는 "무의식"이라는 숨겨진 세계를 발견했습니다. 인간은 생각보다 훨씬 덜 이성적이며, 보이지 않는 상처와 욕망이 삶을 좌우한다는 사실이 드러난 것입니다.

그리고 20세기, 비트겐슈타인은 또 다른 관점을 제시합니다. 인간이 세계를 직접 이해하는 것이 아니라 언어를 통해서만 사유하고 소통한다는 거죠. "언어의 한계가 곧 세계의 한계"라는 말처럼, 우리가 무엇을 생각하고 무엇을 알 수 있는가조차 언어라는 틀에 의해 결정된다는 것이었습니다. 세계는 곧 언어 안에서 구성되는 현실이라는 통찰이었습니다.

이처럼 칸트—프로이트—비트겐슈타인으로 이어지는 이 흐름은 철학의 무대를 거대한 우주나 정치의 장이 아니라, 인간이라는 내부 공간으로 깊숙이 당겨 놓았습니다. 인식의 구조, 무의식의 힘, 언어의 한계는 우리가 '나는 누구인가'라는 질문을 던지는 방식 자체를 바꾸어 놓았습니다. 철학은 더 이상 세계를 설명하는 도구만이 아니었습니다. 인간이라는 존재가 자기 자신을 이해하기 위한 질문이 되었습니다.

1. 칸트의 인식 구조
: 인간이 세계를 보는 틀

"우리가 인식하는 것은 사물 그 자체가 아니라,
사물이 우리에게 나타나는 방식이다."
—임마누엘 칸트, 『순수이성비판』

우리는 세계를 있는
그대로 보고 있을까?

진실은 하나일까요? 아니면 바라보는 눈의 수만큼 달라질까요? 같은 경제 지표를 두고도 어떤 이는 '회복의 신호'라 말하고, 다른 이는 '불안의 전조'라고 단언합니다. 같은 사건을 보아도 진영에 따라 전혀 다른 해석이 나옵니다. 많은 갈등과 혼란은 종종 사실 그 자체보다, 사실을 바라보는 틀의 차이에서 비롯되곤 합니다.

칸트는 이미 이 문제를 짚었던 사람입니다. 인간은 세계를 있는 그대로 받아들이는 존재가 아니라, 시간·공간·개념이라는 인식 구조 안에서만 세계를 경험한다는 것입니다. 우리가 보았다고 믿는 세계는 실은 인간의 틀을 거쳐 재구성된 결과입니다.

현대 심리학과 뇌과학은 이를 실험적으로 확인합니다. 뇌는 외부 정보를 단순히 반영하는 창이 아니라, 의미를 선택하고 덧붙이는 능동적 장치입니다. 그래서 가짜 뉴스, 확증 편향, SNS 속 해석 전쟁은 단순한 소통 기술의 문제가 아니라, 인간 인식의 조건과 한계에서 비롯된 현상으로 읽을 수도 있습니다. 이에 대해 칸트는 다음과 같은 중요한 질문을 남겼습니다.

우리는 세계를 있는 그대로 보는가, 아니면 해석된 세계를 보는가?

계몽의 세기, 경험과 이성의 대립

18세기 유럽은 계몽주의의 무대였습니다. 과학혁명이 남긴 자신감은 '세계는 설명될 수 있다'는 믿음을 퍼뜨렸고, 사람들은 더 이상 교회와 전통이 아니라 이성을 새로운 기준으로 세우려 했습니다. 인쇄술과 공론장의 확장은 지식이 특정 계층의 전유물이 아니라 사회 전체가 토론하는 대상이 되게 만들었고, 절대군주제의 기반은 균열을 맞았습니다. 행정·사법·교육·경제 체계에도 '합리적 근거'를 요구하는 목소리가 커졌습니다. 당시 철학자들이 붙잡은 핵심 질문은 '인간은 어떻게 확실한 지식을 얻을 수 있는가'였습니다.

영국의 경험론은 현실에 발 딛고 있었습니다. 로크는 인간의 자유와 권리를 현실에서 확인 가능한 경험 위에서 정당화했고, 흄은 지식도 경험에서 출발해야 한다고 보았습니다. 그런데 경험론은 실험·관찰·통계가 신뢰의 기준이던 당시 사회와 잘 맞아떨어지면서도, 동시에 치명적인 문제를 노출했습니다. 만약 모든 지식이 경험에 의존한다면, '언제나 어디서나 누구에게나 통하는 법칙'을 확신할 근거는 사라지게 됩니다. 과학·법·도덕·정치가 기대던 보편적 근거가 사실상 존재하지 않을 수도 있다는 결론으로 이어지기 때문입니다.

프랑스를 중심으로 한 대륙의 합리론은 다른 방향을 택

했습니다. 데카르트, 라이프니츠로 이어지는 전통은 이성이 세울 수 있는 자명한 원리를 바탕으로 사회 질서를 재구축하려 했습니다. 프랑스 법전의 정비, 프로이센의 국가교육 개혁, 행정의 표준화 작업은 이런 합리적 설계의 정치·제도적 실험이기도 했습니다. 그러나 지나친 논리적 체계화는 종종 현실과 유리되거나, 머리로 만든 세계라는 비판을 받았습니다. 결국 계몽주의는 다음의 딜레마가 있었습니다. 경험에 기대면 보편성이 흔들리고, 이성에 집착하면 현실성이 약해지는 딜레마.

빠르게 변하는 과학·행정·시장 질서 속에서, 무엇을 지식의 기준으로 삼아야 하는지가 사회 전체의 문제로 떠올랐습니다. 칸트는 바로 이 정황의 중심에서 질문을 바꾸었습니다.

지식이 성립할 수 있으려면, 인간의 인식 구조는 어떻게 되어 있어야 하는가?

그의 철학은 계몽의 시대가 요구하던 확실성의 근거, 합리성의 정당화, 제도와 지식의 기반을 다시 세우려는 시대적 요청에 대한 응답이었던 거죠.

인간이 세상을
받아들이는 방식

칸트는『순수이성비판』에서 철학사의 패러다임을 송두리째 바꾸는 주장을 내놓았습니다. 그 전까지는 대부분의 철학자가 다음과 같이 생각했습니다. 경험론자들은 세계가 우리 감각에 인상을 남기고, 우리는 그것을 받아들이는 수동적 존재라고 봤습니다. 이에 반해 합리론자들은 우리의 이성 속에 진리가 이미 새겨져 있고, 이를 추론을 통해 발견한다고 보았죠.

하지만 칸트는 이 두 입장을 모두 비판하며, 제3의 길을 열었습니다. 그는 인간이 세계를 있는 그대로 받아들이는 존재가 아니라, 자신의 인식 구조를 통해서만 경험할 수 있는 존재라고 말했죠. 그 구조의 가장 기본적인 것이 시간과 공간입니다. 어떤 사건이든 우리는 시간의 흐름과 공간의 배치를 통해서만 이해할 수 있습니다. 그런데 우리의 이성은 각자 나름의 틀로 모든 경험을 해석합니다. 즉, 경험은 세계가 일방적으로 주는 것이 아니라, 우리의 마음이 세계를 일정한 틀 속에 담아내는 과정이었습니다.

이는 철학사에서 코페르니쿠스적 전환이라고 불리기도 합니다. 코페르니쿠스가 태양이 지구를 도는 것이 아니라, 지구가 태양을 돈다고 말하며 인간의 인식을 신 중심에서 이성으로 역전시켰듯, 칸트도 철학에서 그 정도의 반전을 일으킨 것입니다.

이 충격은 엄청났습니다. 인간이 세계의 창조적 해석자로 자리매김하게 된 거죠. 과학이 법칙을 발견할 수 있는 것도, 도덕이 의무를 주장할 수 있는 것도 모두 인간의 보편적 인식 구조 덕분이라고 칸트는 설명했습니다. 다시 말해, 세계의 객관적 질서조차 인간의 주관적 조건을 거쳐야만 성립한다는 것입니다. 칸트의 전환은 인간이 스스로를 이해하는 기본 틀을 근본적으로 바꿔 놓은 지적인 혁명이었습니다.

인간이
세계를 만든다

우리는 흔히 과학자가 자연의 법칙을 발견한다고 말합니다. 뉴턴이 만유인력을 '발견했다'고, 갈릴레오가 천체의 움직임을 '관찰했다'고 배우죠. 그 말 속에는 언제나 세계는 이미 거기에 있고, 인간은 그것을 알아내는 존재라는 전제가 깔려 있습니다. 그런데 칸트는 이 전제를 송두리째 흔들며 이렇게 물은 거죠.

만약 우리가 보고 있는 세계가, 사실은 우리 인식 구조가 짜 놓은 틀 속에서만 나타나는 거라면 어떨까?

그는 인간은 세계를 있는 그대로 보는 것이 아니라, 시간·공간·범주라는 필터를 통해서만 본다고 말했습니다. 마치 안경을 낀 채 평생을 살아온 사람이 안경 밖 세계를 결코 알 수 없듯이, 우리는 세계를 해석하는 인지 구조의 안경을 벗을 수 없다는 것이죠.

이 사유는 곧 지성사의 판도를 바꿔 놓았습니다. 심리학자들은 인간이 단순히 자극을 받아들이는 존재가 아니라, 그 자극을 능동적으로 해석하고 구조화하는 존재라는 사실을 탐구하기 시작했습니다.

언어학도 칸트의 영향을 받습니다. 언어가 단순히 사물을 가리키는 도구가 아니라, 사고와 경험의 틀이라는 생각이 등장했습니다. 우리는 언어가 허락하는 만큼만 세계를 볼 수 있다는 문제의식, 즉 사피어―워프 가설이나 후기 비트겐슈타인의 언어게임 이론은 모두 칸트의 영향을 받은 셈입니다.

예술과 문학에도 변화가 일어났습니다. 세계를 사실적으로 재현하려던 고전적 예술에서 벗어나, 인간의 경험과 지각 구조 자체를 드러내려는 시도들이 나타났습니다.

칸트 이후, 인간은 경험을 구성하는 능동적 주체, 세계 이해의 틀을 스스로 만들어 내는 존재로 자리매김했습니다. 이 철학적 혁명은 지금까지도 인지과학, 심리학, 언어학, 예술, 사회과학 전반에 걸쳐 깊은 영향을 미치고 있습니다.

인식의 틀을 다시 묻다

우리는 세계를 있는 그대로 보는가, 아니면 우리의 구조를 통해서만 보는가.

칸트가 던진 이 질문은 오늘날 우리의 삶과도 깊이 닿아 있습니다. 스마트폰을 켜는 순간부터 우리는 이미 세계의 필터링된 버전 속에 살고 있습니다. SNS 알고리즘이 보여 주는 뉴스와 콘텐츠, 유튜브의 추천 영상, 검색 엔진의 자동완성은 세계 전체의 그대로가 아니라, 특정한 방식으로 선별·구성된 부분입니다.

우리의 지각과 판단도 마찬가지입니다. 같은 사건을 보아도 사람마다 다르게 기억하고 해석하는 이유는, 뇌가 감각 데이터를 그대로 저장하지 않고 기대와 편향, 맥락 속에서 재구성하기 때문입니다. 가짜 뉴스가 쉽게 퍼지고, 사회적 갈등이 심화되는 것도 결국 사람들이 서로 다른 인식 구조 속에서 같은 세계를 바라보기 때문이라고 설명할 수 있습니다.

이 지점은 인공지능에도 적용됩니다. AI는 데이터를 있는 그대로 받아들이는 기계가 아닙니다. 어떤 데이터를 학습하느냐, 어떤 알고리즘을 적용하느냐에 따라 전혀 다른 세계를 만들어 냅니다. 인간이 짠 틀을 따라 학습하기 때문에, AI의 오류와 편향 역시 칸트적 문제의식을 되살리게 합니다.

'내가 보고 있는 것은 어떤 틀 속에서 재구성된 세계인가.' 이 질문을 통해, 우리는 세계를 보는 동시에 그 세계를 바라보고 해석하는 '나의 구조'를 함께 점검할 수 있게 됩니다.

2. 프로이트의 무의식
: 인간은 스스로 알 수 없는 존재

"의식적인 정신 과정은 전체 정신 과정의
극히 작은 부분에 불과하다."
—지그문트 프로이트, 『쾌락 원리의 저편』

내가
모르는 나

정말 나는 내 마음의 주인일까요? 오늘날 심리학과 상담 현장은 이 질문을 다룹니다. 불안, 강박, 중독, 대인관계 갈등은 단순한 의지력 부족으로 설명되지 않습니다. 어린 시절의 상처, 억압된 욕망, 무의식적 두려움이 성인의 삶 속에서 다른 얼굴로 되살아나는 경우가 많습니다. 그래서 현대 심리 치료는 환자가 스스로도 알지 못하는 내적 동기를 탐색하도록 돕습니다.

일상 속에서도 무의식은 크게 작동합니다. 우리가 특정

광고에 끌리는 이유, 어떤 사람에게 호감을 느끼는 이유, 심지어 정치적 선택까지도 의식적 판단만으로 설명되지 않습니다. 뇌과학 연구는 우리가 내리는 결정의 상당 부분이 이미 의식에 오르기 전에 뇌에서 준비된다는 사실을 보여 줍니다.

억압된 사회와
정신병

프로이트가 활동하던 19세기 말 오스트리아 빈은 겉으로는 제국의 번영을 자랑하는 화려한 도시였습니다. 예술과 음악, 학문이 꽃피었고, 과학과 합리성은 인류의 진보를 약속하는 듯 보였죠. 그러나 이 번영의 이면에는 깊은 억압과 긴장이 숨어 있었습니다.

당시 유럽 사회는 엄격한 도덕규범 아래 있었습니다. 성과 욕망은 금기시되었고, 가족 내에서의 권위는 절대적이었으며, 종교와 가부장적 질서는 개인의 감정과 충동을 억누르도록 강요했습니다. 사회적으로 인정받지 못하는 욕망이나 충동은 숨겨져야 했죠. 규율과 도덕이 지배하는 만큼, 내면에는 말하지 못한 긴장과 억눌린 감정이 쌓여 갔습니다.

이 억압은 신체적·정신적 증상으로 나타났습니다. 당시 빈의 병원과 진료실에는 원인을 알 수 없는 히스테리와 신경증 환자들이 몰려들었다고 합니다. 그러나 뇌와 신경에는 문제가 없었고 기존 의학은 이를 설명하지 못했습니다.

프로이트는 최면이나 자유연상 기법으로 환자의 심리 깊숙한 곳을 탐구했고, 억압된 기억과 욕망이 의식에서 배제되어 무의식에 잠복해 있다가 다른 방식으로 증상을 통해 튀어나온다는 걸 발견했습니다. 사회적으로 금지된 성적 충동, 어린 시절의 충격적인 경험, 부모와의 갈등 같은 것들이 그대로 억눌려 있지 않고 신체적 고통과 정신적 불안으로 돌아온 것이었습니다.

합리성과 규율을 앞세운 근대사회의 억압이 결국 개인의 몸과 마음을 병들게 한 거죠. 프로이트의 '무의식' 이론은 바로 이런 사회적 긴장과 환자들의 고통을 설명하기 위해 태어난 것입니다.

무의식의
발견

19세기까지 서양의 지성사는 인간을 이성적이고 합리적인 주체로 전제했습니다. 우리가 앞서 살펴봤듯이, 데카르트는 "나는 생각한다, 고로 존재한다."라는 문장으로 인간 존재의 근거를 이성적 사고에서 찾았고, 계몽주의는 인간이 스스로 사고하고 합리적 선택을 내릴 수 있는 존재라는 신념을 퍼뜨렸습니다.

경제학은 인간을 자신의 이익을 계산하는 합리적 행위자로 그렸고, 정치철학은 사회계약을 맺고 제도를 설계할 수 있는 책임 있는 주체로 인간을 상정했습니다. 이성적 주체라는 전제 위에 근대의 과학·윤리·정치가 세워진 것입니다.

그러나 19세기 말 프로이트는 마음의 거대한 부분이 의식 바깥에 숨어 있다는 사실을 발견하며 인간의 마음을 빙산에 비유했습니다. 수면 위에 보이는 의식은 전체의 작은 조각에 불과하며, 수면 아래 거대한 무의식이 인간 행동을 좌우한다는 거죠.

무의식에는 단순한 기억이 아니라, 도덕과 규범 때문에

의식에서 억눌린 욕망, 두려움, 충동이 자리했습니다. 이것들은 사라지지 않고, 꿈속의 상징, 말실수, 히스테리 증상, 예술적 표현 등으로 끊임없이 표출되었습니다. 프로이트가 『꿈의 해석』에서 꿈을 무의식으로 가는 왕도라고 부른 것도 바로 이 때문이었습니다.

프로이트는 인간의 마음을 이드(id), 자아(ego), 초자아(superego)라는 세 가지 구조로 설명했습니다. 이드(id)는 본능적 충동과 욕망의 자리입니다. 쾌락 원리에 따라 즉각적인 만족을 추구하며, 도덕이나 현실의 제약을 고려하지 않습니다. 자아(ego)는 현실 원리에 따라 이드의 충동을 조율하고, 외부 세계와 타협하며 살아가는 기능을 합니다. 초자아(superego)는 사회적 규범과 부모·권위가 내면화된 도덕적 목소리입니다. 스스로를 검열하고 죄책감을 부여하며, 이드의 충동을 억압합니다.

이 구조 속에서 인간은 끊임없는 내적 갈등을 겪습니다. 본능은 충족을 요구하고, 도덕은 그것을 금지하며, 자아는 그 사이에서 고통스럽게 균형을 맞춥니다. 우리가 일상에서 느끼는 불안, 죄책감, 충동은 이 갈등의 부산물입니다.

이러한 무의식과 정신 구조의 발견은 당시 사회에 혁명적 충격을 주었습니다. 근대사회가 자랑해 온 합리적 인간상은 환상일 수 있다는 사실이 드러난 거죠. 인간은 스스로를 통제한다고 믿지만, 실제로는 무의식에게 속수무책으로 지배당하고 있다는 겁니다. 이성은 마음의 전부가 아니라, 본능과 도덕이라는 거대한 힘 사이에서 힘겹게 조율하는 작은 섬에 불과했습니다.

즉, 프로이트의 사상은 인간 이해의 패러다임 자체를 뒤흔든 철학적 전환이었습니다. 인간은 더 이상 합리적 기계가 아니라, 스스로 알 수 없는 내적 동기에 이끌리는 존재라는 사실이 드러난 것이죠. 이 깨달음은 철학, 문학, 예술, 문화 비평 전반에 깊은 영향을 주었고, 20세기 지성사에서 인간을 이해하는 모든 학문이 다시 출발선을 정비하도록 만들었습니다.

인간 이해의
패러다임 전환

먼저 심리학에서 프로이트는 정신분석학의 창시자가 되

었고 이후 심리치료는 환자의 내적 동기를 탐색하는 대화와 해석의 과정으로 발전했습니다. 오늘날 다양한 상담치료법인 자유연상, 꿈 해석, 전이 분석 등은 모두 그의 이론을 바탕으로 하거나 그것에 대한 반발 속에서 형성되었습니다. 반발 또한 영향을 받는 하나의 방식이죠. 인간의 마음을 서사와 해석을 통해 이해해야 할 세계로 본 것이 바로 프로이트의 유산이었습니다.

문학도 프로이트의 영향을 크게 받았습니다. 내면의 흐름을 그대로 기록하는 의식의 흐름 기법도 프로이트의 영향을 받았죠. 인물이 합리적 서사의 주인공이 아니라, 알 수 없는 욕망과 두려움에 흔들리는 존재로 새롭게 그려지기도 했고요.

예술에서는 초현실주의가 프로이트의 사상을 적극적으로 흡수했습니다. 살바도르 달리의 왜곡된 시계와 기묘한 풍경, 르네 마그리트의 불가능한 사물 결합은 모두 무의식의 상징적 세계를 시각화하려는 시도였습니다. 예술은 현실 재현의 틀을 넘어, 꿈과 욕망의 세계를 직접 보여 주는 실험의 장이 되었습니다.

무엇보다 철학에서는 인간을 합리적 존재로 전제하지 않

게 되며 프로이트의 사상은 실존주의, 해체주의, 후기 구조주의 등 20세기 철학에 큰 영향을 주었습니다. 라캉은 프로이트를 이어 무의식을 언어처럼 구조화된 것이라고 재해석했고, 푸코는 인간 주체의 내부에 권력과 억압이 스며든 과정을 분석하는 출발점으로 삼았습니다.

결국 프로이트의 사상은 인간에 대한 전통적 확신을 해체한 전환점이었습니다. 인간은 이성적 자율성의 주인이 아니라, 스스로 알 수 없는 내적 동기와 무의식의 힘을 등에 지고 살아가는 존재라는 인식이 20세기 지성사 전반을 지배하게 되었습니다.

우리는 자신을
믿을 수 있을까

프로이트 이후 인간은 더 이상 자신을 완전히 투명하게 알 수 있다고 믿지 못하게 되었습니다. 무의식이라는 개념은 인간이 이성적이고 합리적인 존재라는 오래된 이미지를 깨뜨렸고 이 충격은 지금까지도 사람들의 마음을 사로잡습니다.

물론 프로이트는 동시에 숱한 비판을 받기도 했습니다. 그의 이론은 지나치게 성적 욕망에 집착했다는 지적이 많고, 과학적 증거보다는 임상 경험에 크게 의존했다는 점, 실험과 통계로 입증하기 어려운 주장들이 많았다는 점도 문제로 꼽혔습니다. 오늘날 뇌과학과 인지심리학은 프로이트의 구체적 이론들, 특히 성적 충동 중심의 인간관을 상당 부분 대체했습니다.

그럼에도 불구하고 프로이트가 던진 질문은 여전히 살아 있습니다. "나는 내 마음의 주인인가?"라는 질문은, 우리가 매일 겪는 경험입니다. 원하지 않는데 반복되는 습관, 설명하기 어려운 충동, 꿈에서 스쳐 간 낯선 장면들 등은 모든 것은 우리가 스스로 완전히 알 수 없는 존재임을 상기시킵니다.

프로이트의 사상을 정밀함 혹은 맞고 틀림을 떠나서 자기 자신에 대한 근본적 의심을 멈추지 말라는 요청으로 받아들이면 어떨까요? 그의 이론의 구체적 내용들이 비판을 받더라도, '인간은 스스로 완전히 알 수 없는 존재'라는 문제의식은 여전히 우리에게 유효합니다.

3. 비트겐슈타인의 언어철학
: 언어가 곧 세계다

"내 언어의 한계는 내 세계의 한계를 의미한다."

—루트비히 비트겐슈타인, 『논리철학 논고』

언어의 틀에
갇힌 우리

우리는 흔히 내가 생각하는 대로 말한다고 믿지만, 실제로는 말할 수 있는 만큼만 생각한다는 경험을 자주 합니다. 복잡한 감정을 설명할 단어가 없으면 그 감정을 애매하게 넘기게 됩니다. 사회적 갈등 역시 같은 언어를 쓰면서도 서로 다른 의미로 받아들일 때 더욱 깊어집니다. 언어는 단순한 표현 도구가 아니라, 사고와 현실을 규정하는 틀로 작동하고 있는 것입니다.

정치와 미디어의 세계를 보아도 그렇습니다. '세금 인하'

와 '재정 건전성'이라는 표현은 같은 정책을 전혀 다른 가치로 보이게 만듭니다. '난민'을 '불법 체류자'로 부르느냐 '인도적 보호 대상'으로 부르느냐에 따라, 사회적 태도와 행동은 완전히 달라집니다. 언어적 프레임이 곧 현실을 바꿔 버리는 것입니다.

AI 언어모델은 어떨까요. 언어모델이 거대한 데이터로 학습한 언어 패턴은, 우리가 쓰는 언어의 한계와 편향을 고스란히 반영합니다. 결국 기계조차 인간이 만든 언어의 세계 안에서 사고합니다. 그럼 우리에게 물을 수 있습니다. 우리는 어떤 언어로 어떤 세상을 만들고 있을까요?

언어의 한계에서
언어게임으로

20세기 초는 과학과 철학이 보편적이고 객관적인 언어를 꿈꾸던 시대였습니다. 물리학은 수학적 공식을 통해 자연의 법칙을 깔끔하게 서술하려 했고, 철학 역시 애매모호한 일상 언어를 걷어 내고, 논리와 수학의 기호처럼 정확한 언어를 구축하려 했습니다. 젊은 비트겐슈타인도 이 흐름 속에서 철학을 시작했습니다. 『논리―철학 논고』는 바로 이런 시대정신의 산물이었죠.

비트겐슈타인의 철학은 흔히 전기와 후기로 나뉩니다. 두 시기의 사유는 언뜻 보면 정반대이지만, 사실은 같은 문제, 언어가 어떻게 세계와 연결되는지를 다른 각도에서 풀어낸 과정이었습니다.

전기 비트겐슈타인은 『논리―철학 논고』에서 "언어의 한계가 곧 세계의 한계다."라는 명제를 남겼습니다. 그는 세계를 사실들의 집합으로 보고, 언어는 그 사실을 그림처럼 정확히 묘사하는 구조를 가진다고 보았습니다. 다시 말해, 언어와 세계 사이에 일대일 대응 관계가 있다고 본 것입니다.

그에게 철학은 형이상학적 사변이 아니라, 언어를 정밀하게 다듬어 세계를 명료하게 비추는 논리적 작업이어야 했습니다. 이는 당시 과학과 수학이 보여 준 엄격함에 대한 동경, 그리고 전쟁 이전의 합리성에 대한 신뢰를 반영한 철학적 태도였습니다.

이어 비트겐슈타인은 1차 세계대전 이후의 혼란, 그리고 전체주의 시대에 언어가 선전과 지배의 도구로 작동하는 현실을 마주합니다. 이는 그의 언어에 대한 철학적 문제의식을 흔들어 놓았습니다. 후기 비트겐슈타인의 『철학적 탐구』는 바로 그 전환된 문제의식 속에서 태어난 작업이었습니다. 그는 언어가 고정된 대응 구조가 아니라, 삶의 맥락 속에서 쓰이며 의미를 얻는 행위라는 결론에 도달했습니다.

그는 이를 "언어게임"이라 불렀습니다. "게임"이라는 표현은 언어가 규칙과 맥락에 따라 달라지고, 사회적 행위 속에서 살아 움직인다는 점을 강조합니다. 따라서 언어를 이해한다는 것은 단어의 사전적 정의를 아는 것이 아니라, 그것이 쓰이는 상황과 규칙을 이해하는 것입니다.

결국 전기 비트겐슈타인은 언어를 세계의 거울로 보았다면, 후기 비트겐슈타인은 언어를 삶의 도구로 본 셈입니다. 전기는 논리와 과학의 엄밀성을 닮았고, 후기는 역사와 사회의 혼란 속에서 언어가 실제로 어떻게 쓰이는지를 반영했습니다. 이 변화는 언어와 세계, 언어와 권력, 언어와 삶의 관계를 새롭게 기술하는 전환이었습니다.

언어를 통해 다시 본
인간과 세계

비트겐슈타인의 언어에 대한 전환적 사유는 20세기 지성 전반을 흔드는 파문을 남겼습니다. 먼저, 철학 자체의 방향을 바꾸었습니다. 초기『논리─철학 논고』는 분석철학의 토대를 닦았습니다. 언어를 논리적으로 해부하여 애매한 형이상학을 몰아내고, 철학을 과학처럼 명료한 언어의 분석으로 세우려는 시도는 이후 수십 년 동안 영미철학의 핵심 과제가 되었습니다. 철학은 더 이상 추상적인 '실재'에 대한 논쟁이 아니라, 우리가 사용하는 언어의 구조를 분석하는 작업으로 자리 잡았습니다.

그러다 후기『철학적 탐구』는 또 다른 길을 열었습니다. 그는 언어를 사회적 맥락 속에서 이해해야 한다고 주장하며, 철학을 일상 언어와 삶의 맥락을 탐구하는 방향으로 돌려세웠습니다. 이로써 철학은 논리의 구조에서 사회적 맥락, 담론, 소통의 방식으로 시야를 확장하게 되었습니다.

이 전환은 심리학과 교육학, 언어학에도 영향을 주었습니다. 언어가 단순히 생각을 옮기는 그릇이 아니라 사고 자체를 규정한다는 관점은, 교육에서 언어 습득의 중요성을 새롭게 조명하게 만들었습니다. 아동 언어 발달 연구, 심리치료에서의 언어적 해석, 담론 분석 같은 영역이 비트겐슈타인의 문제의식 위에서 발전했습니다.

또한 그의 사유는 정치와 사회 비판에도 쓰였습니다. 후기 비트겐슈타인의 언어게임 개념은, 우리가 사용하는 단어가 권력에 의해 규정되고 현실을 구성한다는 통찰로 이어졌습니다. '자유'나 '민주주의' 같은 정치적 언어는 추상적 본질이 아니라, 특정한 맥락 속에서 사람들의 행위를 이끄는 언어게임의 일부라는 것죠. 이는 이후 비판이론, 담론 분석, 포스트구조주의 철학자들에게 결정적인 영향을 주었습니다.

예술과 문학도 살펴볼까요. 언어의 다의성과 맥락적 성격을 강조한 그의 사유는, 20세기 후반 문학의 언어 실험과 포스트모더니즘 미학에까지 연결되었습니다. 언어는 투명한 창이 아니라 불투명한 매개라는 인식은, 작가와 예술가들이 언어 자체를 문제 삼는 창작을 낳게 했습니다.

결국 비트겐슈타인은 인간을 이해하는 새로운 출발점을 연 것입니다. 인간은 언어라는 매개를 통해서만 세계와 만나는 존재라는 것이 그의 남긴 중요한 인사이트입니다. 즉, 우리는 세계를 '그대로' 보는 것이 아니라, 언어라는 안경을 통해 해석된 세계를 살아가는 것입니다. 이로써 철학, 심리학, 사회학, 언어학, 정치학 전반에서 언어는 단순한 도구가 아니라, 현실을 만드는 힘이라는 문제의식이 뿌리를 내리게 되었습니다.

나의 언어를
의식하기

우리는 언제나 언어 속에서 생각하고, 언어를 통해 타인과 관계를 맺습니다. 그리고 그 언어는 투명한 창이 아니라, 세계를 특정한 방식으로 비추는 필터입니다.

정치의 구호, 광고의 문구, SNS 해시태그 하나는 우리의 인식을 방향 지우고 행동을 결정짓습니다. 사랑, 자유, 행복 같은 단어도 문화와 맥락에 따라 전혀 다른 의미를 띠며, 그 차이가 우리의 관계와 자아를 형성합니다. 그리고 이제는 AI 언어모델까지 우리의 언어를 학습해 다시 되돌려주며, 사고와 선택의 경계를 새롭게 만들어 가고 있습니다.

비트겐슈타인의 철학은 우리에게 두 가지 의미를 남깁니다. 언어의 한계가 곧 사고의 한계가 될 수 있다는 사실. 그리고 언어를 새롭게 쓰고, 다른 언어게임을 창조함으로써 다른 세계를 열 수 있다는 희망.

우리는 언어 속에 살고, 언어 속에서 세계를 만듭니다. 그러므로 언어를 의심하고, 새롭게 다루는 일은 곧 더 나은 세계를 향한 첫걸음일지도 모릅니다.

에필로그

철학은 당신의 삶에서 시작된다

철학의 역사는 단단해 보이던 세계관이 무너지는 순간마다 다시 쓰여 왔습니다. 신이 세상을 다스린다는 믿음이 인간 중심으로 바뀌었을 때, 절대적 이성이 전쟁과 부조리 앞에서 흔들렸을 때, 과학과 기술이 인간의 자리를 다시 묻기 시작했을 때, 철학은 그 균열 속에서 태어났습니다. 균열은 혼란이 아니라, 새로운 사유를 요청하는 출발점이었습니다.

21세기를 사는 우리 역시 또 다른 균열의 시대에 서 있습니다. 그렇다면 오늘의 철학은 어디서 태어나야 할까요? 이 책이 따라간 인류 지성사의 궤적은 과거의 사건을 넘어서, 지금 우리의 고민을 비추는 거울이기도 합니다. 철학은 연구실, 대학교 강당, 논문 속에서만 이루어지는 것이 아닙니다. '왜?'라는 질문을 멈추지 않는 개개인의 태도가 철학의 출발입니다.

그래서 철학은 평범한 우리의 일상 속에서도 시작될 수 있습니다. 관계 속에서 '나는 어떻게 말하고 있는가', 선택 앞에서 '무엇이 옳은가', 불확실한 미래 앞에서 '나는 어떻게 살아야 하는가'라는 질문을 던질 때요. 철학이 만드는 균열은 학자의 논문이 아니라, 당신의 삶 속 작은 질문에서부터 다시 열릴지도 모릅니다.

참고문헌

- 게리 콕스, 지여울 번역, 『실존주의자로 사는 법』, 황소걸음, 2023.
- 니콜로 마키아벨리, 김운찬 번역, 『군주론』, 현대지성, 2021.
- 도메 다쿠오, 우경봉 번역, 『지금 애덤 스미스를 다시 읽는다』, 동아시아, 2010.
- 루트비히 비트겐슈타인, 박재현 번역, 『초역 비트겐슈타인의 말』, 인벤션, 2015.
- —————————, 이영철 번역, 『논리―철학 논고』, 책세상, 2025.
- —————————, 이영철 번역, 『철학적 탐구』, 책세상, 2019.
- 르네 데카르트, 양진호 번역, 『성찰』, 책세상, 2018.
- —————————, 이현복 번역, 『방법서설』, 문예출판사, 2022.
- 마이클 샌델, 김명철 옮김, 『정의란 무엇인가』, 와이즈베리, 2014.

- 베네딕투스 데 스피노자, 강영계 번역,『에티카』, 서광사, 2007.
- 버트런드 러셀, 서상복 번역,『러셀 서양철학사』, 을유문화사, 2019.
- 스털링 P. 프램레히트, 김태길 번역,『서양철학사』, 을유문화사, 2008.
- 임마누엘 칸트, 코디정 번역,『순수이성비판 1』, 2025.
- 애덤 스미스, 이종인 번역,『국부론』, 현대지성, 2024.
- ––––––––––––––––, 이종인 번역,『도덕감정론』, 현대지성, 2025.
- 에릭 홉스봄, 이용우 번역,『극단의 시대: 20세기 역사 상』, 까치, 2009.
- ––––––––––––––––, 정도영 외 번역,『혁명의 시대』, 한길사, 2022.
- 장 보드리야르, 이규현 번역,『기호의 정치경제학 비판』, 문학과지성사, 2014.
- ––––––––––––––––, 이상률 번역,『소비의 사회』, 문예출판사, 2015.
- ––––––––––––––––, 하태환 번역,『시뮬라시옹』, 민음사,

2012.

- 장 자크 루소, 김영욱 번역, 『사회계약론』, 후마니타스, 2022.

- ――――――――――――, 주경복 외 번역, 『인간 불평등 기원론』, 책세상, 2018.

- 장 폴 사르트르, 박정태 번역, 『실존주의는 휴머니즘이다』, 이학사, 2008.

- ――――――――――――, 변광배 번역, 『존재와 무』, 민음사, 2024.

- 전경수, 『현대인을 위한 과학사의 이해』, 사이플러스, 2012.

- 정인경, 『모든 이의 과학사 강의』, 여문책, 2020.

- 존 그리빈, 권루시안 번역, 『과학을 만든 사람들』, 진선북스, 2021.

- 존 로크, 강정인 외 번역, 『통치론』, 까치, 2022.

- 존 롤스, 황경식 번역, 『정의론』, 이학사, 2003.

- 지그문트 프로이트, 강영계 번역, 『쾌락 원리의 저편』, 지식을만드는지식, 2021.

- 철학아카데미, 『처음 읽는 프랑스 현대철학』, 동녘, 2013.

- 카를 마르크스, 김수행 번역, 『자본론 1 (상)·(하)』, 비봉출판

- 사, 2015.
- ──────────·프리드리히 엥겔스·마르크스, 이진우 번역, 『공산당 선언』, 책세상, 2018.
- 퀜틴 스키너, 박동천 번역, 『근대 정치사상의 토대 2』, 한국문화사, 2012.
- ──────────, 임동현 번역, 『마키아벨리』, 교유서가, 2021.
- 프리드리히 니체, 강두식 번역, 『인간적인 너무나 인간적인』, 동서문화사, 2023.
- ──────────, 박찬국 번역, 『도덕의 계보』, 아카넷, 2021.
- ──────────, 박찬국 번역, 『선악의 저편』, 아카넷, 2018.
- ──────────, 장희창 번역, 『차라투스트라는 이렇게 말했다』, 민음사, 2004.
- 피터 왓슨, 남경태 번역, 『생각의 역사 1』, 들녘, 2009.

역사 속에서 만나는 문턱의 철학

친절한 철학

초판 1쇄 인쇄일 2026년 01월 22일
초판 1쇄 발행일 2026년 01월 30일

지은이 강나래
펴낸이 양옥매
디자인 표지혜
마케팅 송용호
교　정 정혜성

펴낸곳 도서출판 책과나무
출판등록 제2012-000376
주소 서울특별시 마포구 방울내로 79 이노빌딩 302호
대표전화 02.372.1537　**팩스** 02.372.1538
이메일 booknamu2007@naver.com
홈페이지 www.booknamu.com
ISBN 979-11-6752-767-7 (03100)

* 저작권법에 의해 보호를 받는 저작물이므로 저자와 출판사의 동의 없이
  내용의 일부를 인용하거나 발췌하는 것을 금합니다.

* 파손된 책은 구입처에서 교환해 드립니다.